Philosophy of China Education Management

中国教育管理哲学

楚红丽 / 著

中国经济出版社
CHINA ECONOMIC PUBLISHING HOUSE
·北京·

图书在版编目（CIP）数据

中国教育管理哲学 / 楚红丽著 .
—北京：中国经济出版社，2019.12
ISBN 978-7-5136-2021-5

Ⅰ. ①中… Ⅱ. ①楚… Ⅲ. ①教育管理—教育哲学—研究—中国 Ⅳ. ① G40-02

中国版本图书馆 CIP 数据核字（2020）第 016333 号

组稿编辑　崔姜薇
责任编辑　张　博
责任印制　马小宾
封面设计　任燕飞工作室

出版发行　中国经济出版社
印 刷 者　北京建宏印刷有限公司
经 销 者　各地新华书店
开　　本　710mm × 1000mm　1/16
印　　张　15.25
字　　数　198 千字
版　　次　2019 年 12 月第 1 版
印　　次　2019 年 12 月第 1 次
定　　价　68.00 元
广告经营许可证　京西工商广字第 8179 号

中国经济出版社　**网址** www. economyph. com　**社址** 北京市东城区安定门外大街 58 号　**邮编** 100011
本版图书如存在印装质量问题，请与本社销售中心联系调换（联系电话：010–57512564）

序

人学的教育管理与社会学的教育管理

近年来，国内大学教育管理学专业的日常无一例外被西方管理模式垄断，诸如规划控制战略、绩效奖励方法、法律契约制度、改进改革理念等，都是对西方概念的炒作。学生们读的书也“一水儿”的西方教育管理教材，而且最好是英文原版；老师们上课推荐的也是“一大溜儿”国外期刊论文、国外出版著作，课上课下言必称霍伊、福柯，台前台后话必说德鲁克、罗宾斯。不仅如此，我们的思维模式也被西方的概念入侵，喜欢在头脑中把一切换算成社会资本、对一切进行成本收益核算，把一切领导管理等同于效率效益，还习惯用线性思维、数学逻辑分析一切问题，崇尚用可度量、可计算的数据来“科学化”分析所有话题，甚至我们的论文模式都是“洋八股”套路。

我们要向西方学习先进的科学技术，并汲取他们的精华，但是作为中国教育人和中国教育话题的研究者、著作者，我们不应该把东方的教育管理传统文化淡化成背景，我们应该有自己的中国经验、中国话语、中国思维。同时作为中国教育管理的研究者，我们不能把研究的问题完全等同或固化为西方教育管理中的那些刻板的专业词汇，我们应该深挖中国传统文化中的管理哲学，用中国本土的管理价值观和世界观来分析我们本土的管理问题和管理脉络，建构中国教育管理哲学独有的价值态度、专业技能和学科视野，我们应该有自己的中国理性和中国道路。

基于此，我萌生出“中国教育管理哲学”的构想，从我所涉猎的中国教育管理哲学的已有认识出发，结合在高校开设多年的课程“中国教育管理理论”的讲义，整理出《中国教育管理哲学》一书。此书将中国教育管理哲学的话题略分成五个方面：

中国教育管理哲学的意义和价值、人心之道与教师工作积极性、学习之道与教学管理决策、无我无为之道与学校领导、有机整体之道与学校组织文化管理。

1. 中国教育管理哲学的意义和价值

中国教育管理哲学的价值在于它可以为我们指明教育领域中什么是有价值的、什么是庄严的，它可以向我们指出我们的价值观和精神生活出现了什么问题，理论不会直接给予我们现实的物质享受，但它可以把我们从狭隘的现实世界中解脱出来，让我们进入一个充满无限可能性、丰富开阔的超现实的精神世界；它也可以让我们放弃固化琐碎的行为模式，否定一种偏颇陈旧的生产方式；它也可以让我们批判当下的一种无味无趣的生存状况，在充满力量感的理论指导下让我们脑海里的图景超越深受束缚纠缠的一切，向着那新鲜的、活力的、清新的、温暖的、安全的地方前进。

2. 东方人心之道与教师工作积极性问题

针对教师工作积极性的问题，西方管理学有很多答案：有的从人力资源管理绩效评价的制度中寻找解决方案，也有从教育领导的人文关怀和民主授权参与入手，更有从教师自身良心道德修养的约束路径等角度的思考和探讨。但现实中的回应均证明路路不通，难题并不易解。

中国古代有个“谁会赢”的寓言故事，一个年轻人问智者：“我心中有两只狼一直在争斗，一只狼贪婪、凶猛、自私，另一只狼勇敢、友爱、真诚，他们两个每天都争斗不休，你觉得谁会赢？”智者说：“你喂食的那只会赢。”我们的制度、评价、生存环境“喂养”着什么样的人心，就有什么样的人心会“反哺”或者“反噬”我们的社会、环境和我们自身。

本章从中国的“人心之道”角度关注到整个社会普遍趋同的竞争观、评价观给教师带来的集体无意识趋同行为及竞争对立关系，以及这种趋同和对立关系对每个人的内在造成的巨大对抗和内耗，进而反省在教育管理机制和管理制度中的类似不当运作机制，探寻影响“人心”异化乃至教师工作积极性的深度诱因及缘由所在，并提出“向内走、向内看”的真正改变方式。

3. 东方学习之道与教育管理中的教与学问题

教与学的过程是所有教育组织的核心与灵魂。如果我们不考察学校的技术核心——教与学的过程，我们对学校或教育机构的管理分析就会误入歧途，因为是教与学的过程最终促成了很多必须做出的教育管理决策。

西方的行为主义学习理论强调在行为和习惯上的反复演练，这略显机械；认知主义学习理论强调诸如思考、记忆和问题解决等内在心智活动，却忽略了经验；建构主义学习理论专注于个体如何理解事件与活动，学习被视为知识的建构，但形式化的建构和浅表层的学习并不能获得持久深刻的学习体验。而东方的“学习之道”认为，学习的好方法是守真而非取巧，学习的目的应该是重新拥有童心般的乐趣、物我两忘的专注、遵循自然的真实、回归初心的柔软开放，以及反求诸己，进而认识自我、认识世界的天性……东方的这种学习理论更强调在身心里产生特定的化学效应，或者说是一种炼金术一样的奇迹创造理论。与西方学习主义不同，中国古代学习理论恰恰认为不必要去直接操纵外部事件来改变行为，学习不能受到外在功利因素和浮躁行为的“威”逼“利”诱，而是要探究和观察自我的“精神”和“内部世界”，通过学习找到属于自己的“定海神针”，获得内心的平静，最终回到生命的原点。所以，学习不是“外求”的一个过程，而是“内求”的回归旅程。

4. 无我无为之道与教育领导问题

西方领导理论一直讨论的话题仅仅围绕在特质上、行为上，或者权变上。领导是应该关心人呢，还是关心任务呢，抑或是既要关心人又要关心任务呢？西方领导理论纠结在这个话题上，是没有出路的。中国东方的领导之道是“无为无我”，无我无为之道才是管理的真境界。

领导“无我”，就不会过于相信自己的想法，不会让自己和他人牺牲在自己的“信念”之下。领导“无我”就没有付出感，也没有自大感。正善治，善正治，正治善，为政之善，无秽无偏，如水之治，至清至平。

领导“无为”，事前不需规划、计划，但并不是无缘无故地做事，而是按照人和事物自身的规律去做事，由于意识清静、虚无而不固执，因此对任何事情都能反应恰当，对任何事情也都能做得“自然”，自然也就无为了。

学习西方的管理使我们一路飞奔，却一无所获。为什么呢？因为闲不下来，静不下来，所以我们东拼西凑，抄来借去。很多学校三月开动员会，六月就要评成果，类似这种“有为”，一开始就被固定在有局限性的小框框内，会使其显得表面、肤浅，没有深度，似是而非，最后成了知道不如不知，做了不如不做。

以老子《道德经》第三章的一段话为例，老子说：不尚贤，使民不争；不贵难得之货，使民不为盗；不见可欲，使民心不乱。是以圣人之治，虚其心，实其腹；弱其志，强其骨。

翻译过来就是，不把你的追随者划分成优秀的、不优秀的，人们就不会争来争去，更不会使用各种奸诈的小手段来祸害组织。不把你的追随者的工作区分成昂贵的或低廉的，人们就不会有偷盗的心，不会有分别的心，那么所有人就会平静下来做事情，而不会被时时扰乱。不要树立什么愿景，不要去干扰和控制追随者的头脑，不要让你的追随者内心充满对未来的欲望。圣人之治，就是吃饭的时候吃饭，干活的时候干活，休息的时候休息，和自然保持一致，与自己的真相及频率统一步调，这样就没有乱七八糟的事情出现，没有管理不好的问题出现。

从某种层面上说，这种“不为之为”“无我之我”管理哲学才是正确管理的实现路径，这种管理高度可以说是现下西方流行的管理理论无法与之媲美的。

5. 有机整体之道与学校组织文化管理

科学讲究精确的度量和计算，而科学之外的东西有很多是不可度量、不可计算的。科学偏于机械，非科学偏于神秘。全部存在不仅存在于可以度量计算的物质之中，亦存在于这不可度量、不可计算的神秘之中。大道无言，大道就是那不可度量计算的真实，只有整体的意识才能意识到它，只有意识到整体才意味着自由。狭窄有限的意识即使创造出流光溢彩的科技，它本身也是充满了破坏性，这种破坏性也会给人类带来无尽的伤痛。

随着信息共享、经济活动全球化以及全球温室效应等问题的出现，使得人类社会步向从局部到有机整体的关口。由于世界的本质是整体的，事物之间存在有机的整体性联系，因此人类社会曾经创造的各种“奇迹”其实都与整体思维有关，而人类社会目前面临的各种危机也与人类欠缺整体性思维有关，因为局部思维忽视了事物的整体性联系。学校组织文化管理亦是如此。本章节站在有机整体之道的层面上，剖析组织社会化的缺陷和反向社会化的价值，分析部门本位主义延伸的深层诱因，为学校组织文化提供不一样的思路和视野。

总之，这本《中国教育管理哲学》以中国传统文化管理哲学的“人学”内容为“经度”，以西方管理理论的“社会学”内容为“纬度”，在经与纬的碰撞中分析明辨。

“经度”的主要内容包括：

（1）道与术：东方和西方教育管理哲学的区别。

（2）对立、对抗情绪与人心之道：教师工作积极性问题。

（3）机械式行为主义与物我两忘的学习之道：教与学管理决策问题。

（4）小我小为与无我无为之道：领导伦理与道德领导问题。

（5）片面的组织社会化与有机整体之道：学校组织文化问题。

“纬度”的主要内容包括：

（1）教育管理哲学：科学与人文；理性与非理性；物质与精神；人学与社会学；价值性与实用性；目的与手段；科学与非科学；柔性与刚性。

（2）学校中的人：个体人与社会人；内在动机与外在动机；自主需要与成就需要；简单任务与复杂任务；自我成长与权钱魔咒。

（3）学校技术核心：教与学之道；行为主义学习观、认知主义学习观、建构主义学习观之辨。

（4）学校中的领导：特质、技能、情境、行为、权变与领导效能观的变革；领导的工具性活动与象征性活动；领导的行为性活动与文化性活动。

（5）学校组织文化：机械模型与有机模型；专业性与科层制之辩；绩效责任制与个体主动性。

这样的内容安排，是希望能够关照到教育管理中的不同场景、不同事件，把握分析它们的东西方角度和不同价值观。事实上，我们对场景和事件的过滤和筛选，以及对问题观察角度的选择，都是来自其背后的文化、价值观和观念的作用，这些思想哲学、思维哲学直接影响着我们对教育的理解、对学校的理解，同时也驱策我们如何思考这个世界，如何探寻身在其中的我们自己。

目　录

第一章

中国教育管理哲学的意义和价值

“以本为精，以物为粗，以有积为不足，澹然独与神明居。古之道术有在于是者，关尹、老聃闻其风而悦之，建之以常无有，主之以太一，以濡弱谦下为表，以空虚不毁万物为实。”

——《庄子·天下》

一、教育管理哲学的意义和价值

1. 教育管理哲学的价值

管理哲学是给管理提供思考路径和行为法则的理论和世界观。管理学的价值取向分析就是管理哲学。在教育管理领域，有组织层面的教育管理，如公办学校的教育管理，培训机构的教育管理，也有对组织层面管理的教育行政管理、教育政策管理。教育管理哲学就是给这些管理领域提供思考路径和行为法则的理论和世界观。它的价值取向为我们理解和正确看待学校组织、人的教育和世界有一定的价值引领和精神指引作用。以价值取向为分析维度，我们对教育管理领域涉及的组织文化的精神、群体的精神、个体的价值都要进行更多的关注和探讨。管理哲学不仅要关注来自实践中的管理现象，更要关注于管理现象的反思以及它所反映出来的本质；不仅要关注来自实践中的管理活动及其中的冲突，更要关注这一管理活动及其冲突所引发的有关管理主题的元讨论；不仅要时时关注人的价值和组织的精神文化，更要关注管理本身的价值真义，从哲学上思考管理活动的本质和意义，以及管理给予人的价值的价值。

“20 世纪 20 年代，自谢尔登的《管理哲学》出版以来，从哲学层次上考虑管理实践的尝试从未间断。谢尔登认为，工业管理应承担人性与社会的双重性质。工业不仅是人类的结合体，也是根据整个社会的要求所产生的。由此决定，工业管理的社会责任包括服务于共同体需要的责任、对从事工业的工人的责任、为共同体和共同体成员提供一定的生活保障和最低限度的休假的责任。同时，谢尔登还提出了劳动力和生产管理的伦理要求，对企业应承担的社会责任做了初步探索。”[1]谢尔登的研究给出了教育管理哲学的研究方向和发展路径。教育管理哲学也承担着人性与社会性的双重属性，教育领域不是工业领域，但大多也是有组织、有计划的人类共同体的活动。教育管理的社会责任包括教育组织对教育中的人的生存和发展的责任，也包括对教育组织自身的生存和发展责任。当然，在教育管理哲学中，从价值层面上讲，教育组织自身的生存和发展责任不应大于教育组织对教育中的人的生存和发展的责任，更不应大于教育中的人的本身的生存和发展责任。

所以，管理哲学是对整个教育系统以及人和教育系统关系的根本观点和根本看法，是理论化、系统化的教育观。理论化就是框架化，是我们思考教育问题的参考模式和框架。有了这个参考模式和框架，我们会更好地理解复杂的日常管理活动的意义，同时，给我们认识教育中的自己和他人，以及外在的世界提供一个很好的瞭望窗口。系统化就是透视化。管理哲学可以预知结果，帮助我们做出恰当的选择，避免判断错误。有了透视化，就像有了清晰的价值观，行为、事实都可以通过价值观及其推断结合起来，不仅帮助我们看到不同的场景和事件，同时也驱使各种解释进入我们视线。

可见，好的管理哲学是一种智慧，前瞻性的智慧，透视性的智慧，理解世界和自己的框架性智慧，是赋予人自由的智慧之“道”。所以，教育管理哲学是教育管理之“道”。所谓“道”就是理论，就是哲学观，能够明道、遵道、弘道的理论，是符合真理的理论和价值观。

很多人认为哲学理论看似高深但却过于务虚，尤其在当代崇尚物质主义和实用主义的时代，人们大多更为重视实践行动和解决现实问题，哲学理论是否还有存在的意义？

答案是肯定的。优秀而且独立的管理哲学，其价值在于它可以为我们指明什么是有价值的、什么是庄严的，它可以向我们指出我们的价值观和精神生活出现了什么问题。理论不会直接给予我们现实的物质享受，但它可以把我们从狭隘的现实世界中解脱出来，让我们进入一个充满无限可能性、丰富开阔的超现实的精神世界，也可以让我们放弃固化琐碎的行为模式，否定一种偏颇陈旧的生产方式；它还可以让我们批判当下的一种无味无趣的生存状况，在充满力量感的理论指导下让我们脑海里的图景超越深受束缚纠缠的一切，向着那新鲜的、活力的、清新的、温暖的、安全的地方前进。

总之，管理学或管理理论关注的是管理实践活动的基本规律和一般方法，在学科属性上具有科学特质，而管理哲学具有人文特质。“管理哲学是对知识形态的管理思想或基本规律的反思和批判，以及管理实践活动关于人和组织存在的价值和意义。管理哲学反思和批判的对象最终指向管理和管理实践活动的终极问题和基础问题，这些终极问题和基础问题有：管理思想与理论的逻辑构成及其正当性、组织存在和管理活动的意义、管理理论的人性基础假设、管理价值和管理价值观以及管理思维方式等一系列问题。”[2] 这些问题都是管理的终极问题和本源问题。管理哲学考虑的是管理理论或者管理实践所产生的时代环境、产生背景、使用的正当性、产生的后果等问题，在这些基础问题的思考中探索管理主题的价值观、组织文化的价值观、管理原理的应然性和管理思维方式的类别等。“用中国的话来说，管理学（管理理论）仅是对管理的‘术’进行研究，研究的对象只是管理活动的‘技巧’。管理学关注的理论或者方法更多考虑的是可行性和成本效益，只有到他们使用的理论或者方法的功用减弱或者失效的时候，才开始对如何实现人的价值和尊严、如何解放人性和人的本身、组织存在的意义、基本理论和方法等进行反思。所以管理实践中，应该从一开始就对‘应当如何’进行思考，从管理的根本问题出发，避免在“管理问题－管理技巧－新的管理问题”这样的技术层次上打转，为管理实践提供价值指南是管理哲学的工作。用中国的话说，就是应从‘道的角度’来思考问题和指导实践，这些处于管理活动最基础的价值判断，和关于人、组织的存在意义的问题，构成了管理哲学的研究对象。”[3]

2. 教育管理哲学之“道”

“道”无小事，“道”能够为你所从事的任何小事提供指导。“小事”只能出“小知”，“道”则给人“大知”。有了“大知道”，才能在任何小事中不迷失方向，才能从任何小事中总结出大道。有了“道”，一个人就可以从教育管理中的人和事情的工作流程、工作方式、合作模式、沟通方法、矛盾冲突、各人立场的每一件日常背后挖掘出值得思考的“道”的运行逻辑。从一个小点，可以洞察出一个宇宙。越早看清楚这个“道”的人，工作逻辑也就越清楚，对信息的归纳总结、提炼、理解也就越到位，业务战略方向也越清晰，格局和视野也就越远大，越能找到事物背后最本质的东西，其未来的机会和发展空间也会越大。

在这个到处都是竞争的时代，工作考核、学习考试带来巨大压力的时代，要想自由自在地做自己是很难的，原因主要是心中无“道”。网络时代有“佛系”“道系”的说法，但实际上，心中无“道”的人嘴上说要佛系、道系，但所谓佛系、道系之中的煎熬和焦虑一点也没有比正在按照别人指明的方向去拼命的人少。不论佛系、道系“做”多长时间，之后依然要面对该面对的问题，所以自在也是并非真自在，做自己也是假的做自己。这是当代职场人包括现代学生的一个共性。大家都在慌乱中透支自己的精神和心力，来换得生存竞争的资本。

但工作与学习不仅是为了谋生，而是应远在谋生之上，人们应该始终不断地审视和追问工作、学习乃至人生的意义。每个人都在不同的工作单位和教育系统工作、学习、生活很多年，那些对尊严的渴望、对自由的追求、还有内在创造力的涌动、良知的复苏、对爱和感动的认同不应当被现实摧残或扼杀。任何工作的理论或制度都应该保护乃至滋润这些“善”的冲动和欲求，任何一个领导和管理之“道”都应该赋予人们更多的人情味、情感的诉求和灵魂的安乐。人如果离开了活力、热情、温暖和感恩之心，不仅是专制、暴力、苟且的工作和学习让人无法忍受，单调、乏味、平庸的工作和生活也会折磨得我们痛苦不堪。所以，领导与管理理论事关我们的人心和价值观，也事关我们的生存状况、幸福和自由。领导与管理理论不仅具有哲学层面的意义，更有指导现实的价值，它直接作用着工作场合上人与人之间的思维和行为，而未经反思不合乎“道”的领导与管理会像无形的枷锁一样锁住我们的灵魂和心智，从而羁绊每个个体的成长并束缚着组织的发展。

二、中国教育管理哲学之道

西方管理学（包括管理理论）的科学化特性很明显，现代西方管理学研究融合了数理科学、系统工程、经济学及信息论等多种学科的思想、原理和方法，管理学大量使用实证性研究方法，教育管理领域也深受科学主义的影响，定量化、数理化研究是其管理领域的主流和主导，客观化、有形化、对象化的自然科学倾向明显。但实证性研究得出的规律和结论只适用于研究发生时的特定时间、地点、对象，实证性研究使用的思维逻辑始终是科学逻辑或思辨逻辑。而管理哲学研究的对象是管理活动的终极问题，终极问题并不适用于逻辑思维和逻辑思辨。当涉及人的价值命题，涉及人的意义、偏好、热情、独特性等领域时，不可能依靠自然科学的研究逻辑去探究。价值命题必须仰仗于个人的主观体验、直觉判断、洞察力及良知，以及个人的自我反思精神和质疑精神，乃至依靠无法解释的神秘直觉和悟性等不可说之道。其实，科学一词，并没有褒贬之分，只是一个无关价值判断的词汇。科学与非科学融合在一起才能成就管理哲学，东方与西方融合在一起才能成就管理哲学。

1. 西方管理概念的缺陷

西方在界定管理概念的时候，一般都从经济学的角度来界定。比如，它认为管理是通过对人、财、物的合理调配，使组织的投入与产出比达到最大化，以有效实现组织目的或组织目标的活动。人是劳动者，财和物是劳动资料，劳动对象则是产品，组织目标则是劳动的全部目的。而且西方习惯总结出一个非常符合逻辑的运作系统或者运行模型来分析和解决问题。这些模型或者系统看起来非常有逻辑性，也很有道理，但实际上是很荒唐的。任何一个逻辑系统的创建者都在用逻辑思维来歪曲真实，因为真实是无法用一个逻辑系统来解释和模拟的。任何一个基于某个逻辑起点的系统模型都有很多漏洞，而为了填补这些漏洞，再用更多的逻辑模型来缝合；与此同时，更多逻辑的构建，会让人觉察到它存在更多无法缝合的漏洞。在这个弥补和缝合的过程中，由于它越来越趋向于紧密的逻辑性，所以它距离事实或者真实也就越来越远了。况且，任何逻辑系统的构建不管多么宏大，也不管多么微小，出发点就是一个假设，而这个假设又与事实不完全符合，所以，在这样的逻辑系统里，如果否定第一步的假设，后面所盖的亭台楼阁也都如海市蜃楼一样无法真实存在。如果继续增加概念或者假设，那么这个不断缝合的过程本身就很荒唐可笑，这个不断缝合、弥补的过程就好比拣取无数个碎片来拼凑一个完整的图形，越是拼凑，就越是无法完整。如果这时构建者还在坚持说它是绝对真理，那么这个宏伟的逻辑系统本身也就坍塌了。因为，存在的真理或者事实并不是某个完全绝对的逻辑存在，任何逻辑系统都无法解释神秘的、复杂的、无限的真实，事实上那些不能分享的才是真正的真理。正如老子的《道德经》的开篇，“道可道，非常道”，即说“道”通常是无法言说的。《庄子·天下》中说：“以本为精，以物为粗，以有积为不足，澹然独与神明居。古之道术有在于是者，关尹、老聃闻其风而悦之，建之以常无有，主之以太一，以濡弱谦下为表，以空虚不毁万物为实。”也就是说，不要望文生义，不要把妄想的东西当成精妙的东西，而把真实的东西当成粗陋的东西，如果抱着自己的识见不能放下，就是把自己埋在其中，越是积攒识见，越是纷纷扰扰，在是非之中越陷越深。建构就是离开了道，建无所建，踏踏实实回到当下，才是妙境。所以不要置身事外地去分析和解释，也不要动技术性的念头，不要陷入“非此即彼”的思虑中，而是要须臾不离真实和当下，才不会被识见所埋。世界有偶性的相，但却不可以偶性来度世界。生命的真知，跟世俗及物质世界的真知常常相反，或者说，人类不能只靠科学来生活。

西方以此逻辑来界定管理的概念和逻辑也同样是有失偏颇的。管理的本质并不是把人的因素和物的因素按照所谓“合理”的方式结合起来进而实现组织的目的。无论是工具、机器、设备，还是技术、生产方式、组织方式、劳动组合方式，或者制度、规范、法律等，都是为了满足人的需求，进而实现人的全面自由发展。管理处理的无论是人与物的关系，还是物与物的关系，或者是技术与物的关系，最终都是为了人的自由本身，都是为了人类最长远的发展和自由，甚至是为了人类与宇宙更好地能量交换及和谐共处，所以爱和自由才是其根本的目的、终极的价值。不断探讨如何合理组合资本资源方式的管理逻辑看起来是合理的，但却是无用的。

在管理过程中，个体、群体、组织、国家、世界，每个层次上都存在利益的差异性和价值上的多元性。通过管理，使多样的差异性和多元性能够成为一个公平稳定的有机合作体系，最大限度地消弭冲突，建立合作与信任关系，迅速、稳定地形成一股合力，投入到实现爱和自由的共同目标之中，才是管理压倒一切价值的所在。

举例来说，“福特创造的汽车生产流水线，就是通过直接改变生产过程中人与物的组合方式，使人类管理和生产方式发生改变，最终成为那个时代大规模汽车生产的标志性案例；通用汽车的总裁斯隆通过调整通用公司原有组织结构和人事管理方式，改变了人与人的关系组合方式，创造了事业部体制，使濒临破产的通用汽车公司在短短三年内反亏为盈”。[4] 这两个案例都是现代组织活动中有效管理活动的代表，表面上看，它们都是通过对人与物关系的适当调整和合理配置达到有效的管理，但千万不要把这两个案例的管理价值局限在组织获利的成功或者组织内某个领导者的成功上。解放更多的人力，实现组织内外更多人的价值和自由，用最少人的、最小的自由代价换来更多人、更大的爱和自由，才是管理的本源价值。

关于未来人工智能机器的讨论也是同样的道理。人工智能机器越智能，其可以释放出人的价值的可能性越大。人只有脱离了机器就可以生产的劳动，人才可以有更多的自由和爱，去做只属于人类才可以做的事情。未来的管理不应是刻板地限制一个人在一个固定的劳动岗位上，而是应更加开放地给予每个人自由、时间去创造的权利，从而改变刻板老旧的工作模式和工作流程，带来更多创新性的产品和服务。学校、教育模式也是如此，不是让学生变得更像已有的学生的模样，而是让学生变得越来越不像学生，教师越来越不像教师，学校也越来越不像传统的学校，那才是学校和教育应该走的“道”。

据报道，埃隆·马斯克开发的脑机接口公司（Neuralink）正在推向公众，在 2019 年 7 月结束的旧金山发布会上，马斯克介绍了该公司两年来的进展。连接人类和计算机的超高带宽脑机接口已将其神经链接系统嵌入小鼠大脑。如果马斯克的计划成功，通过机器人手术植入一个“高带宽”的大脑连接设备，使用柔韧的细“线”连接，每个“线”上 3072 个脑电极读取所有神经元信号，可以实现人脑与机器直接交互，实现真正的“人机共体”。可以想象，未来的教育一定不是通过电脑或者任何远程学习工具来获取的，因为传统的教育在人机共体的时代已经没有必要存在了。那么试想，教师应该是什么样的，学生应该是什么样的，这一切都会发生巨大的改变，继续用传统的管理思维和理念来管理，是不可能的。如何让这个世界更美丽，如何让这个社会更加吸引人，更加不受限制，更加神奇，才是教育和教育管理者的目标。

2. 西方教育管理概念的弊病

西方的管理逻辑是数理逻辑化，认为管理人和物都是有逻辑的、能够演绎推理的，而实际上，真理本身是无数理逻辑的，有逻辑的、能够演绎推理的反而是束缚我们思维的科学范式或研究范式。而东方的管理逻辑则是放松的、自然的，是顺应天时的，是不需要努力的。一旦努力，一旦刻意，你就会错过它，走上歧途。就好比石头与宝石，西方管理概念，意在把石头变为宝石。而东方管理概念认为，如果你是石头，你就是石头；如果你是宝石，你就是宝石，不存在努力从石头变成宝石的问题。如果你是石头，你就忘掉钻石，如果你是钻石，也没必要太当一回事，因为你已经是钻石。一个人原本的样子是什么样，就是什么样，教育最多把一个人本来的样子呈现出来，帮助一个人成为自己、做自己，给予一个人做自己所需要的自由和尊严。

西方在界定教育管理的概念时，还常常从目标管理角度，严格监督和评测其过程，把组织目标作为衡量一切的结果。然而，教育领域的目标其实是非常难限定的。因为培养人、培养什么样的人是模糊的，是不能清楚地界定的，既然目标难以准确界定，那么在选择具体的目标和培养方式时，就更难作出选择了，由于目标不清，有时候甚至还会作出相互矛盾的决定和决策。事实上，我们是无法判断教育组织的目标是否达到的。比如，回答组织目标的问题之前，首先需要回答的问题是：学生的学习能力和学习素养到底是什么？回答学生的学习能力和学习素养是什么之前，首先得回答，人存在的意义和价值到底是什么等。

西方偏向于科学管理，所谓的科学就是通过可以量化的、有形化的、可以评估的指标来测评教育的效果。但幼儿、儿童、少年、青年并不是学校的工作对象和产品，他们每个人都是独一无二的，不是“标准件”，因而不能被加工，也不能被编入程序和进行格式化的操作。学习过程建立在因人而异的复杂性、不可确定性和不可预测性的基础上，所谓科学化地测定学生在学校社会化过程和结果是不恰当的。个体发展的程度（包括教师和学生），如果仅仅以考试结果和学业成绩来评定，则是忽视和抛弃了真正的本义和准则。

西方的管理制度比较复杂、机巧，总有各种各样的办法、策略，制定各种计划、规划以及各种时间管理等来指导管理工作。而中国传统文化所推崇的管理是平淡、朴实、朴素的，以平淡朴实朴素的制度来引领组织成员的行为，不需要太多技巧，太多竞争且对立的制度，只要把最基本、最根本、最纲领性的政策法令保持住即可。

西方过多的管理策略常常使用概念、框架、体系或者模型，这些小的聪明才智并不能应对各种各样的问题和挑战。有时，问题和挑战本身就是由各种小的聪明才智制造出来的，假如你再用小聪明才智去解决这些问题和挑战，你将会发现，自己所有的努力都是白费的，因为用小聪明解决的问题，会需要大聪明才智才可解决。在你想要解决一切的企图中，你必然是失败的。当人们自以为是地做着非常严肃的逻辑性思考，而其实要解决的事是没有逻辑性的，那么这种思考根本就毫无意义。实际上，没有任何一件事情是具有纯粹逻辑性的，也没有任何一个问题可以纯粹靠头脑思考来解决。大多数时候，没有思考，才是真正的思考；没有作为，才是真正的作为；没有聪明才智，才是真正的聪明才智。

总之，在教育组织内，是缺乏所谓的科学评估的基础的。不同的学校之间，并没有一致的目标，没有一致的资源分配标准，也没有统一的测定成功、失败的手段，所以无法评估个体和团体的真正进步和发展。在教育组织外，各种外在环境的限制和束缚，各种人际关系的冲突影响，使得西方偏重科学化的管理活动成为一种对人来说，制造困难、制造痛苦，且易导致身心不和乃至分裂异化的活动。

3. 中国教育管理哲学之道

西方的管理概念是科学化的概念。科学化，是一种进攻的战斗态度。人们期望通过科学征服自然、征服世界，人们也希望通过管理，征服他人、征服资源、征服权力、征服社会。而进攻的战斗态度，都是徒劳的。一个人征服任何东西或者任何人，都是“杀敌一千、自损八百”的举动。任何人可以在进攻的战斗道路上走一段路，但是只会有越来越多的挫折感，与此同时，他（她）也只会越来越虚弱，由于总是不能放松，总是处于应激的非正常状态，所以最终只能带着失败和困惑离开。

中国管理哲学是非科学化的概念，是一种类似信念、信仰的概念。如果以阴阳来划分，西方管理哲学是偏阳面的，是刚性的，是说明如何掌控和操纵，以及如何构建一个思维模型或系统来理解和运作，是如何使用头脑才智；东方的管理概念是偏阴面的，是柔性的，是如何放弃控制，放弃头脑才智，去除操纵，如何不落入思维的窠臼。它不是一种努力，不是一种刻意，而是一种无为，是一种虚无，是一种臣服，是一种休养生息。

西方管理思想中，将管理的本质阐述为对有限资源的合理分配，最终达到组织的目标和目的，它里面蕴含的一个基本逻辑就是将管理视为一种实现利益或利润的“工具理性”。而组织的目标和目的，不过就是利益或利润的组成，至于客户价值、员工价值更不过是利益或利润的代名词，考虑员工和客户的利益，不过是为了“刺激”组织的生产力，员工和客户的价值在于能为组织创造不断发展壮大的利益。所以在组织与组织个体的关系中，只是一种相互的利用关系、交易关系。这样的管理思想，缺少把人作为人来看的根基。他们对人的重视，即把人作为组织的资本或者资源来看待。他们的讲求人际关系沟通，则是力图把不同个体整合到一个组织之中，为组织所用。

然而，人毕竟是人，把人作为人来看待，是衡量文明和文化进步的一个很重要的标尺。在组织管理中，对人的管理绝不能等同于对机器设备的维护和投资，组织中的个体，也绝不等同于机械零件。每个人都有自己的思想感情、独立意识、价值立场，个人心理，正是这些深藏在显性组织制度之下的个体意识活动流，才构成了管理的真正内核。只从个人的表面行为和组织的正式制度出发，无异于将冰山一角作为对人管理的全部依据。而且，即使完全了解个体的心理意识活动，以及在此之上的组织系统运作规律，仅用简单的规章制度和绩效奖惩来管理，不过是简单化地认为人和动物一样，可以建立起“条件反射”，并可以随意操控，完全忽视了人所特有的高级心理机能：意识活动和情感活动。在这一点上，西方管理走得越远，其距离正确的道路，只能是越来越偏，越不可能实现真正的人的管理。而中国传统文化中蕴含着很多博大精深的仁心文化、儒释道文化融合的精神、古老东方的仁爱智慧、天人合一道法自然的最高境界，还有“柔弱胜刚强”的辩证智慧，这些其实正在得到西方人的关注和学习。但可惜的是，我们自己却把祖宗本有的智慧丢失掉了。我们嘴上说对待传统文化要“取其精华，去其糟粕”，但实际上我们盲目崇拜着西方的物质文明，对物质文明追逐、艳羡，致使我们总觉得外国的月亮比中国圆、“外来的和尚好念经”，甚至认为所有的舶来品都好过中国的东西，在这样的心态下，想要学习中国传统之道并能够运用于自己生活中的人可谓寥若星辰。

西方管理哲学的价值取向是一定要找到策略去解决问题，因此西方有很多的理论、流派、教义和技巧。这确实给人无限的遐想，但是它们依然是机械化的管理思维。而中国管理哲学的价值取向认为不存在好的策略与方法，因为策略与方法都是坏的，没有好的。在目标与问题之间，并没有道路。目标与问题是相生相克、相辅相成的，是一个事物的两极融合。就好比从 A 地去 A 地，本来是没有距离的，因此也就没有路径和方法。无道之道、无门之门才是道和门，无策略才是策略，无方法才是方法，无技巧才是技巧，一切都是自发性的，只有自发性的回应才是真的解决问题。如果不是自发性的，而是刻意地运用头脑逻辑来解决问题、控制问题，那么，就会引起无数个麻烦问题。其实问题只有一个，但是，由于不断地想去控制和左右它，就会冒出一千零一个问题，解决了一个，还有一千个需要去解决。这种按下葫芦又起了瓢的解决问题模式是不可能奏效的。只懂得“术”，只能解决一千零一个问题中的几个问题而已，而实际上，这些问题并不存在，只是未认清那真实存在的问题而已。只有懂得了“道”，才能直指问题的核心，直捣黄龙，一击命中。这就好比找到了问题的“根”，砍了根，问题就不会继续生长。如果只是砍些枝枝叶叶，不仅毫无用处，还白白浪费精神，即使后来找到了根，也无力去砍了。而且还因为砍到枝枝叶叶导致问题继续生长壮大。所以，问题不在枝枝叶叶，而在于根。总之，从机械转到自发，从有头脑转到无头脑，从自我转到无我，就是理解了“道”。所以说，中国和西方的管理哲学差别很大，内在的心理结构和元认知都是不同的。

相比西方教育管理学，我们将中国哲学、中国管理哲学纳入教育管理之中，更为符合教育的本质和本意。一个管理者有了人文特质的管理哲学思想，就可以在其内心树立一种价值信念和价值理想，为其管理行为确立一种为了人的生存意义和人本身服务的价值导向。有了坚定明确的内在价值信念，就有了坚牢的内在地基，外在的亭台楼阁才会坚如磐石。

当然，了解中国的管理哲学，也了解西方的管理哲学，能够融合二者，达到非理性与理性的融合、科学与人文的结合、物质与精神的平衡，才能实现个体和社会的自由和解放，那才是最完美的发展哲学。

以科学与人文为例，科学研究的都是可以被确定的东西，可以被确定的东西，就是可以被控制的部分，但是那些不可以被控制的部分不属于科学，是属于人文部分的。而人其实是不能被控制、被确定的那一部分，一旦人被按照物质来研究，让人变成一种有轨迹可循的东西（比如说，“创造”某个已知条件，就可以让某个结果发生），人就没有了任何创造性，人的自由就越少，或者说，人就只能被奴役了，既然被奴役，就一定有暴力、束缚、折磨和争斗。所以，纯粹以科学发展社会是会导致灾难的。西方行为主义心理学家斯金纳的各种实验研究，都是把人当成了纯粹可以控制、可以操控的“物质”，这种有迹可循的研究或许适用于小白鼠，但绝不适用于有自由意识和独立人格的人。不得不承认的是，有些人，在环境的威逼利诱下确实“跪”着活，但仍有一些人，“富贵不能淫、威武不能屈、贫贱不能移”，没有什么样的环境可以压制他的独立自由精神，这样的铮铮铁骨，绝对不适用于机械的行为主义学家的“刺激反应”研究。

以非理性与理性为例，目前西方在理性思维上已经达到了较高的层次，所以西方的现代科技文明非常发达。而东方在非理性思维上，曾经达到过较高的层次，比如东方人在艺术、诗歌、绘画、戏剧、舞蹈、文学、哲学、宗教方面，曾经都有过较高的造诣和辉煌。只不过，在现代科技和理性文明的影响下，东方的非理性文明已经逐渐没落，东方人也在不断地追逐理性文明。东方人对宗教、哲学、诗歌等方面的兴趣相对降低，而对科学、技术、理论、理性思维、工程、政治、论证更加感兴趣。在全球西化的作用下，很多东方人在生活方式上，也正在变得更加西化，比如快节奏的生活、时间管理、目标管理、追求物欲、个人价值、系统化管理等。与此同时，有一些西方人，则开始反科学、反技术、反概念、反理论，他们开始追寻哲学、诗歌、艺术、瑜伽、禅意、慢生活、生命意义、诗意和神秘等。

从阴阳太极相互转化的智慧哲学来看，理性或非理性、科学或人文，都是人类思维从一个极端走向另一个极端的表现。当一个极端走到极致，头脑就会开始走向它的另一个极端。好比说光明和黑暗，有了黑暗，才有了相对的光明。如果所有时间都是光明，光明也就不再是光明了，而是黑暗了。反之亦是如此。所以，从理性到非理性，再从非理性走到理性，都是人类不自由的一种表现。

人类总是选择整体中的一个部分，而放弃另一个部分，而人类走得越远，被放弃的另一个部分就越是对人类充满了吸引力。这也是为什么我们常常发现自己总是看到自己所没有的，而看不到自己已经拥有的。已经拥有的，变成你厌弃的；还未拥有的，变成你追求的。对物质的欲望满足了，又开始不满足于精神的需要；精神需要满足了，又开始不满足于对物质的欲望。就这样翻来覆去地折腾，结果欲望永远没法得到满足，人生永远没有得到完整的实现。换一种说法，如果我们只是重视科学技术的概念理论，这些概念理论反而成为束缚我们思维的框架，这种行为走到极端，人们就会厌弃，想要逃离这种状态，那么，技术就得不到进一步的发展，社会经济发展就会衰退；如果我们只是重视哲学艺术文化禅意，这种状态走到极端，人们也会变得厌弃这种状态，那么社会人文发展就会衰落。科技衰退，则人们变得贫穷困苦；而人文衰落，则人们变得暴力野蛮。这样说来，人类似乎无法实现两个极端之间的融合和兼容并蓄，人类无法成为东方和西方理念的整合体。“分久必合，合久必分”，似乎是人类历史的某种命运。

但是，我们必须看到，不管哪种极端情况发展下去，都是一种病态的不平衡，我们也都会因此付出惨重的代价。这种非整体的思维模式都将是失败的。东方因为选择人文和非理性而失败，西方将会因为选择科技和理性而失败。除非我们同时选择两个，否则无法摆脱这种“非此即彼”的恶性循环。

如果我们能够滋养出理性与非理性、科学与人文和谐于一体的一代人，我们的文明进步就能达到一种完美的状态。好比有一个画家，如果他不仅具有艺术的头脑，而且还具有科学的头脑，你可以想象，他的绘画将会与众不同。又好比有一个数学家，如果他能够进入艺术的境界，他的研究就可以摆脱理性的束缚和局限，他就能更加自由且富有灵性地研究数学，同时还会使他的研究更加细致。总之，科学有科学固有的准绳和约束，人文有人文固有的尺度和束缚。一个人太偏爱数理逻辑，就无法理解诗词歌赋；一个人太偏好诗词歌赋，就无法理解数理逻辑。从诗歌的角度看，逻辑太功利，缺乏美感；从逻辑的角度，诗歌太荒诞，没有深度。而人的心灵只有摆脱固有的好恶、偏好和标准，才能获得更多的自由。我们的头脑必须接受逻辑的、科学的理性训练；同时，也必须接受非理性、非逻辑的感性训练。理性的头脑充满怀疑和质疑，感性的头脑充满信任和信心，怀疑和信任同时存在。没有任何怀疑的信任，是值得推敲的；而没有任何信任的怀疑也是肤浅的。一个完整的人，指向理性的未来目标而有为，像一个英勇战斗的战士；与此同时的他，指向生命的此时此地而无为，像一个孩子一样的存在，这二者之间不应该有割裂和间隙。过分的专业化，只朝向一个特定的方向发展，将会出现偏颇错误。所以我们要培养“完整”的人，融合东西方文明的人，培养内外一致不矛盾的人，这样的人拥有更多内在的和谐与自由，全新的意识和思维，因此也更富活力、更加健康。那么我们的未来才能更加美好。这或许就是当代科技文明发达的情况下，我们重新回归中国传统文化，回溯东方传统教育哲学、东方传统教育管理哲学的意义和价值吧。

总之，中国优秀的传统文化博大精深，放到如今，依然具备非常珍贵的时代价值。然而现如今对教育管理的研究大多存在着盲目崇洋媚外的现象，很多论述的理论和观点，仍然是基于国外的管理思想，我们应该加强中国传统管理思想的文化自信与理论自信，以中国人的智慧来解决中国本土的管理问题。

第二章

人心之道与教师工作积极性

“以正治国，以奇用兵，以无事取天下。吾何以知其然哉？以此。天下多忌讳而民弥贫。民多利器国家滋昏。人多伎巧奇物泫起。法令滋彰盗贼多有。故圣人云我无为而民自化。我好静而民自正。我无事而民自富。我无欲而民自朴。”

——《道德经》第五十七章

中国人讲究人心。得人心者得天下，失人心者失天下。一切领导与管理由人来决策，由人来实现。人心可以受到社会环境的影响，人心也可以完全脱离外物而纯粹由主观意识定，或者受两者共同作用，这一切取决于每个人的人心。所谓“水能载舟，亦能覆舟”，也恰恰说明了人心的状态决定了领导与管理的成败，也决定了管理的效果和影响面，反之亦然。雨果在《悲惨世界》中说：“释放无限光明的是人心，制造无边黑暗的也是人心，光明与黑暗交织着、厮杀着”。人心是有着光明与黑暗两个极端的。那么到底是光明会赢，还是黑暗会赢？“谁会赢”的故事所探究的就是这个问题的答案。故事是这样的：一个年轻人问智者，“我心中有两只狼一直在争斗，一只狼贪婪、凶猛、自私，另一只狼勇敢、友爱、真诚，他们两个每天都争斗不休，你觉得谁会赢？”智者说：“你喂食的那只会赢。”人心是如何的，取决于你用什么来“喂养”它。我们的制度、生存的环境喂养着什么样的人心，就有什么样的人心会“反哺”或者“反噬”我们的社会、我们的环境和我们自身。

一、人心向背是最大的领导和管理

梁漱溟在他的“人心论”中认为，人具有动物所不具备的智慧，这种智慧表现在人具有精神活动和思维活动，它既可以认识外部世界，也能够认识自身内在的属性。人心指向可以使生命仅仅重视物质生存，也可以使生命的境界从物欲过渡到对高尚精神生活的追求。人心蕴含了天生的本能、后天学习的知识、超出理智范围的感情、超出利害得失的无私，乃至生命的本来意义和价值，这些统统都由人心所主宰。

在任何国家、任何组织中，人心安定、人心凝聚、人心所归都是领导者真正追求的终极目标。相反，人心惶惶、人心不古、人心涣散，则是领导者最惧怕面对，也是最难解决的问题。可见，管理人的问题就是管理人心的问题，人心顺则事业兴。

1. 中国元素里顺感人心的魅力

中国古语中最能体现出人心的魅力。古人言：“作事循天理，则行寡悔矣。出言顺人心，则言寡尤矣。”意思是说，做事遵循天理，那么行为就很少会使人后悔；说话能顺人心，那么言语就很少会发生过错。《周易》里讲：天地感而万物化生，圣人感人心而天下太平。意思是说，天地交感而万物生成，圣人感化人心而天下太平。管理者打开人的心门，好比是一把钥匙打开了一把心锁，理顺人心，则天下昌。

以上这两句古语中，一个“顺”，一个“感”，不是西方所谓的“领”和“管”。领导和管理，如果只能领路、管事，却不能够理顺人心、感化人心，让人心甘情愿地追随，那么所谓的领导和管理就是流于形式的领导管理。

人心需要更多的鼓励、认可，才会呈现更加积极的状态。在鼓励、肯定、包容、轻松自由的氛围下，一个人更愿意大胆创新、主动思考，也更愿意承担更多的风险和责任去做事。但如果一个人总是被否定、拒绝、不认可，他做事的动机就会发生变化，从渴望成功变成害怕失败。而两者是积极与消极的区别，它们是完全不同的，带来的结果也是截然不同的。

团队成功及一切的组织发展都只能从每个人的心开始。人心顺，组织中每个人都有了成长的愿望，有了不怕失败的心态，做事时，不仅不会拖延，还会在成长愿望及充足安全感的敦促下，涌现各种创造力和活力。2008 年，在面对全球金融危机之时，很多西方企业采取比较直接的减薪、裁员等节约开支的方式度过危机，而如日本、中国等国家的企业更倾向于采取减薪、保职的办法来应对危机。东方企业的做法有助于稳定“军心”，避免恐慌，树立信心，同时还节省了重新招聘与培训新员工的成本，能够帮助员工和企业一起战胜危机并迅速恢复“元气”。这种一个向左走，一个向右走的行为差异体现了它们背后的不同价值观。西方企业在获利时，把员工看作“资本”，在失利时，把员工看作“成本”。这样的公司企业，由于对人的经营和扶植过于功利化，很难获取员工的“芳心”、留住人才，也就难以成为员工与企业双赢的组织。

2. 仁心育人，扭曲人心则毁人

人者，仁也。职场人心的管理，体现在正面的语言、价值、满意的心态、精神的振奋、情绪的化解，这些都是职场的精神生产力。在学校中，这些职场的精神生产力还可以化成育人的生产力，对学生及教师产生教育层面、精神世界的滋养作用。人心育人，它不仅体现在激发人的意识，还体现在它可以激发出个人的活力。

但现实生活中，为什么很多职场人会产生许多不健康的情绪呢？“压力”应该会是一个比较高频的答案。那么，压力的来源是什么呢？领导者的压力，来自要时时处处操心监管任务的进度。员工的压力，来自要随时随地在条条框框中高效完成任务，在节奏越来越快、只追求效率和结果的社会环境的逼迫之下，处在管理位置上的领导和处在被管理位置上的员工都“深受其害”。而真正激发人的自主、活力、独立、意气风发的绝不是压力，而是理解、认可、包容、相信和等待。

仁心育人，扭曲人心则毁人。人类社会的管理，不是控制人心，应是能以仁爱之心来顺感人心，才能激发每个人独有的创造力和活力，才能做到 1+1……+1 > n 个 1。如果只是通过监管行为和奖惩优劣来控制人心的方式来管理，就会导致优胜劣汰的“丛林文化”，而为了在过度激烈的竞争中获胜，又必然会导致不正当竞争或揭发告状等畸形文化的盛行，从而引致个人的“取巧钻营文化”，成为损人不利己的“精致的利己主义者”。这样，组织内或社会内的人与人之间的孤立、内耗、对抗、倾轧就会成为日常，为了应对这些畸形行为，管理不得不增加更多的制度和机构进行监控，由此导致整个组织或社会的低效和高昂交易成本的产生。与此同时，更加“成功”地异化了每个人，使之成为权钱名利的奴隶，由此个人的梦想破灭，组织或社会的美好愿景更成为空谈，并随之进入一个如梦魇般的恶性循环之中。

3. 顺人心：源自老子《道德经》的理解

老子在《道德经》第三章里说：不尚贤，使民不争；不贵难得之货，使民不为道；不见可欲，使民心不乱。是以圣人之治，虚其心，实其腹；弱其志，强其骨。常使民无知无欲，使夫智者不敢为也。为无为，则无不治。

这段话的意思是说：不要把你的追随者划分成优秀的、不优秀的，他们就不会争来争去，也就不会有各种奸诈的小手段去祸害组织。不要把你的追随者的工作区分成昂贵的或低廉的，人们就不会有偷盗的心，不会有分别的心，那么整个组织所有人就会平静下来做事情，而不会使人心时时被扰乱，“按下了葫芦起了瓢”。不要树立什么愿景，不要去干扰和控制追随者的头脑，不要让你的追随者内心充满对未来的欲望。真正的圣人之领导管理，就是跟着人的本性而走，干活的时候干活，休息的时候休息，看山是山，见水是水，和自然真相保持一致，和本性统一步调，这样就没有乱七八糟的事情出现，就没有管理不好的问题出现。

老子在《道德经》第十二章又说：**五色令人目盲，五音令人耳聋，五味令人口爽，驰骋畋猎令人心发狂，难得之货令人行妨。是以圣人为腹不为目，故去彼取此。**

这段话的意思是说：青、赤、黄、白、黑，看太多缤纷多彩的颜色会让人眼睛视力下降。do、re、mi、fa、sol，听太多美妙的声乐会让人耳朵听力衰减。酸、甘、苦、辛、咸，尝太多美味刺激的东西会让人舌头味觉受损。还有纵马奔驰、围捕田猎或者像现代人那样四处旅游观光，时间久了，只会让人心智狂乱、纵情放荡。太贪求宝物而不知满足，时间久了，就会使人的行为乖戾、举动失常甚至铤而走险。可见，那些世间繁华热闹、令人兴奋快意的东西，如果太多，只会使你的意识和觉知丧失，甚至进入一种危险的境地。所以，真正的圣人，明白世间之道的圣人，了解这一切，品尝这一切，但不会被外物、外境牵引，他不会使自己在分别念中挣扎选择，他更满足于最基本、最简单、最平淡的生活需求。他了解自己的心，他不会被外界的攀比和欲望带走。别人猛烈追求那些世俗东西，而他真正在乎的却是别人看不上的东西，所以他在自己的觉知中，过着满足喜悦的生活。

这段话的意思用在领导管理上，也可以理解为，作为领导管理者，不要搞那么多声色犬马、花里胡哨的事情，而应该用最平淡的、最朴实的行为来引领人们；不要制定太多技巧、太多对立的制度，而应该长期采用最基本、最根本、最纲领性的政策法令，否则，因过于复杂而把人带到“沟”里之后，再想出来就难了。换言之，管理面对的是人，管理并不是对人行为的控制，而是对人心之常识规律的顺应和适合。无论看起来多么完美的管理制度都是人理性设计的产物，然而人的理性是有限的，所以管理制度必然是有限的，用有限理性的管理制度来管理人，必然是有漏洞、有缺陷的。尤其是面对人的积极性这一内在心理问题，是不能用理性的思维来解决。很多时候，内在的积极性能受到某种激励制度的短暂激发，但真正能够长期发挥作用的，还是日常生活、学习、工作中，不断思考、不断积累后的个人化的感悟和体悟。外在强加的东西，容易遭到反抗，而内在自发的、自愿的、自然形成的东西才会长久的存在。自古以来，中国人就强调“得民心者得天下”，还有仁、义、礼、智、信，以仁为先，强调做人要“仁”。这些古人的智慧，传递着“管理重在人心”这一思想。

精明能干的人固然能收获一时的利益，但难免盲目、躁动，乃至苛刻、刻薄，敦厚诚实的人才能长期持有他人的信任和尊重。让每个人展现出他本来的样子，即使他偏离了他本来的样子，也要相信他最终会回归初态。与此同时，还应反思他所处的这个社会环境是否异变，包括他的家庭环境、学校环境发生了何种变化而导致他偏离了本来的样子。当今社会出现了很多人心异化、人心畸变的现象，很多人都是“精致的利己主义者”“猥琐的市侩主义分子”“崇拜物欲和权力的庸俗主义分子”，这是整体文化心理机制的畸变对个体心理的渗透弥漫，这也是个体心理畸变对整体文化心理机制的歪曲，二者之间相互作用，导致优秀传统文化和国人人性根基的丧失。

所以，大肆改造事物的样子，不如尊重事物本来的样子；恣意打造人的样子，不如尊重他本来的样子。刻意让人装好人、做好事，并不是真正的仁义礼智信，最终他还是会回到他真实的样子，所以，把道德、利益、物质统统变成一种社会化的工具，最终达不到统治管理的目的。

领导者一身浩然正气才能治理好国家，“天下本无事”的领导管理方式，才能真正取得天下。那些庸人自扰之、爱惹事生非、喜欢刷存在感的领导，不可能取得真正意义上的成功。因为你的领导理念和忌讳越多，你牵扯的事情就越多，你的执念和妄心越重，那么你在领导管理上就会非常僵化腐朽。

你动用越多的妄心，你的事情就越多，你给别人找的事情也越多。大家事情越多，越是混乱，越不可能生出智慧。没有智慧、只是狂妄做事，恐怕很多事情都是白做，甚至是做错了。

你动用越多的执念，你制定的规则也越多，规则越多，觉悟的人就越少。太多的人成了唯唯诺诺的奴隶和没有创造欲望的奴仆，或者成了在制度下窃取利益、抱有偷心的“盗贼”，导致邪风怪事不断，那么这个治理方式，只会让更多的人浑浑噩噩、故步自封，让更多的人去“偷盗”、去钻营，而不是沉静和创造。人没有了活力和创新，所谓的发展和成长就很难实现了。

所以，觉悟的领导者说：我无为，而民自化。我好静，而民自正。我无事，而民自富。我无欲，而民自朴。以无为清静之道去治理、以安静守心之道去领导、以自然而然，不压抑之道去管理、以质朴单纯之道去做事，才是真正符合人心的领导管理之道。

反观社会现实，很多人不认可道家的恬淡无为的思想。很多人认为这是一种很消极的思想。为了更好的生活，大家都在奔跑，如果自己选择慢跑或者走路，就会被时代抛下，自己的better life也会成为梦幻泡影。这样思考的人，显然没有把自己的生命放在第一位。很多人一味地只顾闷头向前跑，而不顾及自己身体的“曲曲弯弯”，不照顾自己心灵的“坑坑洼洼”。欲望跑得很快，身体或灵魂却跟不上了。倘若等到身体出了问题，或者心灵出了问题，这时的better life又在何方呢？一位研究生说，“对于大多数‘年轻有为’的口号和主张，我只想反问一句：谁说年轻不能‘无为’？‘无为’并不意味着我们真的不作为，而是指引我们辅万物之自然而不敢为，也就是要顺从自然规律、不妄为。譬如，对于我们个人而言，最简单的就是要遵循自然的作息规律，拒绝出于一切理由而做熬夜党。每日合理安排自己的学习和生活，依自身能力有所发展，而不是靠各种手段揠苗助长。这就是我们年轻人可以达到的无为之为。”而在教育管理工作中，教育管理者，要做到不妄为，就是要认清教育规律，并持有敬畏规律、顺应常识的管理理念。

特级语文教师吴非，曾经在其《照亮校园的常识》中说过[5]：教育常识，是在适当的时机做正确的事，并积久形成的教育文明。教育事业，要谨守简单的道理、回归朴素的常识。教育常识体现教育的基本规律，不受个人意志和利益的驱使，保护所有人受教育的权益，帮助人正确认识世界和自我。有一间安静的教室，教师能比较正常地实施教育。违背常识，无视规律，必然招致挫折与失败。人们会承认常识，但在具体行为上，往往止不住东张西望，被形形色色地“反常识”所诱惑、裹胁。教育投入少，至多是难以达到目标；而违背常识，则势必形成“反教育”。

4. 西方关于人心管理的理论

西方也有关于人心管理的研究。比如，汉迪（Handy,1984）认为，学校是专业人员的组织，专业人员的特点是愿意自我管理。等级管理与自我管理的意愿之间，是存在巨大的矛盾和冲突的。

西方的研究，主要针对的是人的物质需要、精神需求及其引起的多种工作动机。他们的主要结论是：动机是人所拥有的一种激励自己的内在状态。成功的人的动机，更多的是来自其内在，比如热情、兴趣、爱好、好奇心、愉悦感、自我效能感、自我实现感、自我成长感等。这类人，更为关注活动本身，而较难自我控制的人的动机更多受外在动机左右，这些外在动机包括，反复刺激、报酬、利益、名声、惩罚、免受委屈等等。这类人更为关注活动为他们带来些什么。当然，生活中也存在很多人，保有内在动机和外在动机同时存在的复杂状态。

马斯洛理论中曾明确指出，像学校这样的组织，应该提供能够满足最高需求的条件。因为，自我实现的学生、教师、管理者是最好的实践者。特拉斯蒂和塞尔乔瓦尼（Trustyand & Sergiovanni，1966）发现，在教育情境中，教师缺乏自尊，表明他们缺乏最大的需要源泉。赫茨伯格（Herzberg，1959）的双因素理论，从工作如何影响基本需要的角度来关注人的心理。赫茨伯格发现的激励因素有：成就、认可、工作本身、责任和进步。迈纳（Miner，2002）发现，赫茨伯格各种激励因素同时发生作用时，个体的成长与自我实现的基本需求将会得到满足，从而产生积极的情感，个体绩效也能提高。而保健因素不能产生激励因素的效果。麦克莱兰（McClelland，1961，1965，1985）的成就动机理论指出，个体有完成艰巨任务、攻克难题和竞胜他人的需要。当人们把努力与积极结果联系在一起的时候，就形成了成功的价值观念。成功的信号激发了快乐的期望，这样，为成功而努力的可能性就会大大增加。

个体都有自主或自我决定的需要，即我们自己可以决定做什么以及如何做。个体希望独立行事，而不是在外界压力或奖励下做事。当一名校长作为原创者的机会被试图控制你的科层体系所阻碍，校长将会对管理变得毫无兴趣，这是因为你的自我决定感被人所践踏。事实上，教师对校长所实施的自上而下的管理，很有可能会有同样的感受。理查德德查姆斯（Richard de Charms，1976，1983）对学生的研究发现：学生几乎都不是由他们的内在动机控制的，同时，他们也没有权利控制自己的行为。他们常常是马前卒，而非原创者。而教师和学校管理者也有同样的感觉，甚至更为强烈。他们对工作没有兴趣，也没有什么责任感。还有，莫兰、霍伊等（Moran & Hoey，1998）根据社会认知理论开发了一套整合的教师效能模型。并认为，使得教师效能不断提高的因素之一是教师效能的循环性质。对工作的精熟产生了新的获得性经验，获得性经验又为逐步形成未来的效能信念提供信息反馈。效能越高，努力越大，毅力越持久，绩效越高，反过来又带来更高的效能。而低效能导致努力降低和轻易放弃，进而导致较差的教学效果，并导致消极衰减的效能。

实际上，人是具有自我意识的。一般人、普通人，是头脑中的人，他们的自我意识没有那么强烈的觉醒，甚至毫无自我意识。他们停留在机械性的反应层面，被欲望和物质局限在刺激－反应的层次，受自己的生理需要和物质欲望及组织奖惩的限制，他们的自我意识只是一个潜力和可能性。还有一部分人，自我意识强的人，他们的自我觉醒，不断自我成长的反应是自发性的，而不是模仿或者跟随他人的脚步，他们追随内心自由的声音。除了这两类人之外，还有极为少数的完全自我觉醒的人，这类人是灵性中的人。像老子、庄子这样的存在，他们不受他人驾驭，不受他人驯化，他们有完全独立自由的思想。

从领导管理角度看，控制和驾驭的领导管理方式只适合头脑中的无意识的人，但也正是这种愚昧的领导管理方式限制了管理的效果，因为他们充满技巧的设计只会让无意识的人深陷无意识中而不能自拔。领导管理的最初初衷，诸如激发主动性、积极性、能动性等，将不可能实现，因为这种负面模式只能是舍本逐末。好的领导管理方式激发人的自我觉醒，呵护人的自我意识，尊重人的自主决定，而不是取巧的制度和简单的威逼利诱。而不好的领导管理方式，会认为积极性可以用威逼利诱的方式来实现。以“积极性”为关键词进行网络搜索、铺天盖地的都是如何激发自己和员工积极性的经验介绍。这些经验介绍认为，要想激发自己的积极性，就要告诉自己一个目标，然后告诉自己，实现这个目标需要不断坚持、靠意志力和奖励惩罚自己来实现；激发员工积极性，就是通过各种奖励惩罚和精神激励的方式。看这些文章，会有一种感觉，似乎积极性就是家长或者教师靠几招几式就可以把它拿下的玩意儿。难道积极性是这么简单随意的东西吗？如果把人看成小白鼠，通过几次电击和喂食就可以使之作出预期的反应，那么这种所谓的积极性，不过是机械化的反应。但如果把人看成人，那么积极性只能是发自内在的、最宝贵的个人的自由意识，绝不可通过机巧手段来随意操控。

然而，被动受缚、被压迫之意，早已深刻地烙入教育制度和机制的骨髓之中，并且这种逻辑在所谓的制度管理下，逐渐被合法化合理化。渐渐地，这种外在的被动受缚，开始转向内在的自我压迫、自我受缚。外在的“警察”已经逐渐住进了每个人的内心，成为内在的“警察”。教师充满权威地传授知识给教学对象，教学对象也以接受的态度获取被传授的知识，学习变成了无创造无乐趣、却永不能停歇的机械过程。在这样的“永动机”中，一个人的自主力和自我意识逐渐衰竭，质疑让位于盲信，反抗让位于放弃，声音让位于缄默。自我积极性不再是心中内隐的那座山，能够被细细欣赏和探究，而是变成了教学刺激反应的某种工具，被拿捏在老师和家长手中。这个时候，谁还能够成为一个真正的攀登者，攀登自己内心的那座珠穆朗玛峰，并成为自己精神的引领者呢？

二、人心之道对教育管理的启示：教师工作积极性问题的破解之道

人们普遍认同，教师的积极性、能动性是学校发展的命脉和源泉。然而，在当下的学校领导与管理模式下，教师工作积极性欠缺，成为比较普遍的管理症结和发展瓶颈。笔者曾访谈过约一百多名来自各地的中小学校长，绝大部分校长认为，现在教师的工作积极性普遍较差，学校很多活动和措施，主要仰赖少部分的干部骨干和积极分子来推动和实施，管理层在激发普通教师工作积极性问题上束手无策，只能在如何打造工作平台、如何约束工作制度，以及如何加强人文关怀上做

些努力。有少部分学校甚至难以寻觅到愿意担任管理者或活动组织者角色的教师。

针对教师工作积极性的问题，笔者也从人力资源管理绩效评价的制度解决方案，再到教育领导的人文关怀和民主授权，以及教师自身良心道德修养的约束路径等不同的角度进行过思考和探索。在不断学习、探索和深入访谈、调查的过程中，笔者对教师工作积极性问题开始有了其它角度的分析和理解。分别从社会失范、个人自尊丧失两个层面，分析外在竞争造成的对立及内在压抑矛盾导致的对抗，是如何蚕食每个人的积极性。

1. 人心之道对教育管理的启示

纵观管理的历史长河，对人及人心的探索从未止步。西方古典管理理论中提出“经济人”假设，在工业发展的初期，“经济人”假设有效地提高了生产效率，实现了管理的最初目的。但是随着西方资本主义经济的不断发展，经济危机呈周期性爆发，使得人们发现“经济人”假设将人心异化为争夺利益的机器，管理因此出现了很多问题。随之，“社会人”假设出现在人们视野，“社会人”假设认识到，要想管理好，重要的是实现人与人之间的合作，而不是使人们在无序中相互竞争，而且人的思想和行动更多是靠人际关系、感情，而不是靠威逼利诱来指导的。对人心的这一认识，在一定程度上缓解了劳资关系。但近代西方管理不断走向科学化和量化，在追求效率和经济效益为目的的科学化管理之下，管理的人际关系理论走向异化，为了追求效率、效益，西方管理偏重于有形监管，人际关系又变相地通过无形感化来实现隐性监管。有形监管通过考勤、奖惩、绩效评优指标等来管控，无形感化通过关怀下属身心、交谈沟通来缓解矛盾和消极情绪，还有通过团建和各种集体活动来提升员工的组织认同感。但不管是有形监管还是无形感化，全都是一种刻意的交易模式，目的只是实现组织的目标或者共同利益的达成，容易使下属有一种被利用的感觉。有形监管的问题，在于管理者对下属照章办事的同时，会导致下属对管理者和组织缺乏内在归属感，导致组织认可和组织承诺感降低，同样不利于组织的可持续发展。且有形监管和无形感化都会造成下属忽略自我、丧失个性、缺乏内在动机，且不容易长期保持工作动力和工作自尊。

而中国的管理思想，以儒家思想为主线，以道家为副线。儒家管理思想的核心是“治人”，更多的是基于社会学的管理，对人说教和管控较多。而道家的核心是“人”，是基于人学的管理。对于人心，则更提倡一种柔性管理和无为管理，所谓柔性管理，即上善若水，水善利万物而不争。所谓无为，即无为而无不为。组织运行的和谐与高效，首先基于每个个体内在的和谐和高效。而无为由于强调尊重人和接纳人，不对员工强加领导自己的“信念”，也不对员工进行优劣的标签化，因此，组织中人与人之间平等，不会造成内部的分裂压抑，也不会导致组织内部的等级分化和阶层化，所以人心和，则万事成。反之，当员工之间缺乏一定的凝聚力，员工内心缺乏一定的安全感的时候，领导者的管理也必定是失败的。

道家还强调自我的修为在管理中的重要性。自我的修为应如《道德经》第十二章所说，“圣人为腹不为目，故去彼取此”。圣人摒弃物欲声色的诱惑，而选择保持安贫乐道、安定知足的生活，圣人舍弃浮华而保留朴素。在当今物欲横流的世界，如何安放自己的内心？大道至简，平常心才是道。圣人是智慧的，而俗人则会反其道而行之，即去此取彼。当人们总是关注一些外在的东西，就会丢失了事实上对自己更为重要的东西。外在的奖赏和光环，不如保有宁静恬淡的内心。现代社会物质脱贫了，但是精神上没有脱贫的人太多太多。在许多场合都可以看到人心发狂的事例，只有不贪图奢靡富贵的满足，才不会发生后悔莫及的事情，才不会由于欲望的无限膨胀而最终害了自己。笔者在上课时发现同学中不戴眼镜的同学寥寥无几，于是就想：如果是老子，他不会羡慕你们考上了好大学，在上好大学和好视力之间，老子一定会选择好视力。有一些孩子确实考取了好大学，但是却因为伏案学习过度而有各种各样的颈椎病、腰椎病，甚至头痛成疾。这样岂能更好的生活？！还有一些教师，确实获取了各种荣誉，甚至荣誉等身，但为了这些东西，有时丢掉了自己的尊严，这样岂不是偏离了做人之道？！

2. 外在的对立与内在的对抗：分析工作积极性缺失问题的新视角

（1）社会失范造成的外在对立关系与人的主体性的丧失

一个内在统一的主体、一个拥有主体意识、独立意识的个体，从来都是拥有主动性，能动性、积极性的人。然而大多数时候，我们的教育、我们的社会评价，恰恰是反其道而行之的合谋者和始作俑者。随着市场经济的不断深入，人们为时代的成功学提供了一个隐含的标准答案：权、钱、名、利。这个标准答案呈现了单一趋同的扭曲价值观。至于“人，生而为人”的丰富性和多样性，已经被这些观念所抹杀。社会评价变得非常单调和统一化，人们已经普遍默认这种竞争成功价值观，所谓的幸福和快乐，只能通过相互之间在权、钱、名、利的比较和攀比来获得，每个人，或是得上了自卑病，或是得上了自大病，或者是在自卑病和自大病之间上下穿梭。

原本每个行业、每个职业都应该有自己独有的价值评价体系。但是单一的价值观使所有行业、职业都披上了金钱或资本这件相同的外衣。所有的能量被用来向外看，向外“秀”，而不是用来向内关注自己的“慧”。秀外和慧中成为两个相互矛盾的力量。关注“内慧”的人常常没有时间和精力获得“外秀”的资本和资源，而这种代价，是大多数人普遍不愿意接受的结果。

在教育界，人们如果询问学生，将来会在哪个专业领域学习，他们可能回答的是相同的答案：当下最热门，或最赚钱，或最“有面儿”的专业。如果询问学生，将来希望考上哪所学校，他们回答的答案可能也是相同的，因为只有那么几所名牌学校才是金钱、资本或面子的代名词。甚至，个人相貌都有隐含的统一标准：皮肤白，眼睛大，脸庞小等。如此种种的社会环境和社会文化下，一个人内在的感觉本来应该是美的、和谐的，但在社会外在标准的逼迫下，一个人却相信自己是丑的、是失败的。社会大环境，进而还把外“秀”的等级不断升级加码，在这样的大环境下，压力和焦虑就普遍产生了。最终，“秀”出成功的人是少数，大多数人的结局是失去自信、自尊，得出自己处处不如人的结论。

概括来说，当前社会的失范导致人们进入一种集体无意识，即人们被权、钱、名、利的单一价值观所操纵和刺激，这种单一价值观使人们的行为趋同、想法趋同。而这种趋同的后果是：竞争进一步加剧，人与人之间的关系进入表面和谐，实则对立的状态。在人与人是对立状态的背景下，人们进入囚徒效应，导致竞争进一步加剧，资源更为稀缺，为了得到资源，人的个性不断丧失，内在的声音不断被忽略，人们的单一价值观更进一步得到强化，如此恶性循环、往复不断。

而且，这种恶性循环并不会因为个人和社会都达到了曾经预设的富裕状态而消失。因为，即使届时已失去追逐财富的欲望，“无意识”的社会和个体厌倦了物质财富，但又会把别的东西贴上标签，作为新的追逐对象，对立和对抗关系并无二致。

也就是说，当今社会失范的根源，是各个组织争相把人的关注点不断引导到外在的竞争物上。人的行为均发自外在的动机，这不仅造成人与人之间对立关系的恶果，而且不断使个体的个性和主体性丧失，导致关系更加脆弱，经不起利益的考验，也导致个人更加脆弱，经不起威逼利诱。而且，这两个后果相互交叉、相互交织、互为作用。人与人之间的对立关系，造成人们关注的是别人，而不是自己，导致主体性悄悄丧失而不自知；人的主体性丧失，失去个性，所以才会更加关注别人，关注自己攫取到的竞争物的大小，致使与他人之间的关系陷入更深的对立关系之中。

（2）内在的对抗关系与人的主体性的削弱

外在的对立关系让人们充满焦虑和压力，在这样的环境下，人们不仅不可能脱离被动性和依附性，而且会导致内在的消耗也甚为巨大。

举一个大学里普遍存在的现象为例：已找到了一份好工作的毕业生，因为同届毕业的同学找到了一份更好的工作，而陷入焦虑和压力情绪之中，转而拼命参加各种考试和各种面试，在遭遇不顺利之后，对自己的行为产生困惑、迷茫，对已找到的工作，甚至在还没走上工作岗位之前就已燃不起热情。

通过这个实例，其实可以联想到很多其他类似现象，比如，一位成绩已经不错的好学生，或者一位已经在工作岗位上很优秀的员工，在跟他人的比较中，丧失了个人学习或工作的积极性……追根溯源，这一现象真正的原因是：社会人是把自己和别人放在一个对立的状态里，且这种对立并不是一朝一夕形成的，从孩童到成年，父母、教师、领导、同事都在潜移默化向我们灌输一种社会丛林法则，即“物竞天择，适者生存”。学习不好，好学校名额会被别人抢走；销售不好，工作岗位会被别人拿走；绩效不好，奖金、职称会被别人顶替。这些明目张胆的对立被不断渲染、不断强化，人们最终被对立的社会化规则所操纵而不自知。在对立关系中，人们失去了相互的信任关系；并在信任关系失去的同时，也失去了自信。没有了信任和自信，人们就失去了信仰，相互的对抗和内在的消耗就会越来越大。

很显然，当社会认同的是同样的资源和东西，并为此而竞争的时候，大多数人只能成为落败者。那些所谓成功者的人，其实也只能在落败和成功之间游走。承载焦虑、痛苦和自我矛盾，成为社会人的普遍心理状态。

当人们都默默成为社会群体中的被割裂的无意识个体时，个体的自然本性与社会属性之间就会产生一个内在的对抗关系。个体的内心都是向往自由、不受羁绊的，都是希望获得肯定和赞赏的。但人是社会性的，很难切断社会传导，消除与他人之间的交叉影响。社会群体压力导致的社会无意识的明显趋同行为，使深陷其中的个体常常无法摆脱局限，甚至无法认同自己。那么，这两者之间就会产生碰撞，并产生反作用力。

大多数人，不得不强迫自己顺从社会价值体系和评价体系，但其实内心是有疑惑和反感的，于是就会产生认知失调。自我行为与自我认知不统一产生自我对抗和无价值感，而这种内在的对抗则会侵蚀我们的主体性和积极性。少数人会想要走自己的路、顺从自己的本心，却很难得到家庭亲人同事朋友的认同，由此导致很多梦想被现实所“谋杀”。即使是那些少数勇敢选择遵从自己本心的人，也经常不得不背负着一个反作用力，以对抗的方式，努力向自己选择的方向前行，进退两难的境地常由此产生。

这样看来，无论是超脱世俗的人，还是沉浸世俗的人，都无法以最直接且无需与自己对抗的方式走自己的道路。社会发展的代价和个人发展的代价内耗庞大。所以，这是一个可笑且可悲的悖论，社会希望用最有效率的方式达成高速发展，但却无意识地选择了一个最没有效率的、最不经济的、且代价最大的方式。

真正最有效的方式，是让每个人都成为他（她）自己，让每个人按照他（她）本性自然的成长。那种真正的原生态、自然的、非社会化的充满活力的成长模式，才是发展最高效的前进方式，但它却被人们漠视和抛弃了。

我们的教育、我们的社会应该接受每个人的可能性都是无限的，每个人的可能性都不是固定的，每个人的可能性都不尽相同。社会和教育应该帮助人成长，但是人成长成什么样子，社会和教育不应该有统一的“形象”标准，更不应该为了所谓集体的名义或组织的名义塑造某个共同“形象”。如果个体的意识被集体无意识所左右，那么所谓的个性就不会存在。没有了个性，一个只有被动依附、顺应和追随的人，当然不会建构出基于自己个性之上的主动性和积极性。这就好比一栋房子里有很多的仆人，却没有主人，这栋房子不可能被照管得很好。社会和教育如果不断吞噬与消食个体的自我和积极性，最终牺牲了个体的主体性，那么社会和教育也就牺牲了它发展的各种可能性，把自己死死地捆绑和限制住了。

在前述的外在对立关系中，主体性与外在的对立关系是负相关的。外在的对立关系越强大，个人的主体性就越低；反之亦然，即个体的主体性越低，外在的对立关系就越强大。而在后述的内在对抗关系中，内在对抗关系削弱了人的主体性。只有建构起自我主体性的个体，才越能够感受到自我意愿与社会人的要求之间的差距，进而越能够找到途径，尽快解除这种对抗关系。而主体性较差的人，由于不能觉察到自我意愿与社会人的要求之间的差距，从而随波逐流，人云亦云。或虽可以感受到，却不能主动消除这种对抗关系的人，将会背负着较大的焦虑和负作用力。

3. 学校管理情境下影响教师工作积极性的对立对抗关系分析

目前的人事管理系统，对于工作积极性问题的解决策略，大都致力于研究工作平台如何打造、工作制度如何约束以及人文关怀如何实行。然而，这些思路并不能从根本上解决教师内心工作积极性的问题。这里在前述观点的基础上，从教师所处的人事管理现状展开分析，深入探索影响教师工作积极性的深度诱因及缘由所在。

（1）“斯金纳箱”的评价模式与教师工作积极性的丧失

斯金纳箱，是美国心理学家斯金纳（Skinner，1904—1990）所进行的“行为心理学”研究。他通过小白鼠的实验，验证小白鼠的行为与操作者给予的奖励惩罚有重要联系。只要将行为与奖励不断重复、建立联系，就可以培养起相应的行为模式。而且该实验还发现，为了不花费太多的奖励物，可以通过固定时间奖励、概率型奖励来培养相应的行为模式。不过所有的实验都证实，只要奖励或惩罚物消失，期望的行为模式也会渐渐消失。

当前普遍流行的教师人力资源奖惩管理，其实是斯金纳箱模式的应用。如果设计者们希望“小白鼠”们提高学业成绩、一本升学率、发表论文或申请课题项目的成功率，那么经过多次重复，大力度强化刺激，“小白鼠”们就会对这些产生认识、学习和追逐。一旦建立好行为培养链，那么为了节省成本，设计者们就可以通过最少的奖励获得最大的“回报”。

用斯金纳箱，甚至可以解释当前教育界很多的集体无意识行为。当设计者已经把社会追求的价值成就与相应的奖励反馈之间的对应关系设计并规定好之后，绝大多数人就会无意识地向着这个社会刺激的方向去努力、奋斗。一代人又影响着下一代的行为习惯，这种行为习惯又会悄悄形成社会传导机制，相似的社会心理因素，导致群体性行为和心理状态的相近、相似，且传播迅速。

然而，这种以设定的任务或设定的目标结果来衡量和奖惩教师的模式，并不见得能为组织带来目标效率；并不是在工作中做的一切事情都必须与任务有关，有些事情可能与任务无关，但却对组织目标的实现非常有意义，做这些事情不一定会产生看得见的结果，过度关注结果将使人忽视重要的过程和人际因素。

不仅如此，在赢得标的物、赢过别人的过程中，外在的对立关系悄然建立起来，单打独斗、不合作、不合群工作模式也为每个人的内在成长制造了各种类型的障碍。由于这场对抗，无论是外在还是内在都是永无止境的，所以没有人能真正赢得这场“战争”。在这场零和游戏中没有赢家，一方的所得正是另一方的所失，整个社会的利益并不会因此增加一分。更糟糕的是，这种对立和对抗模式会让人丧失掉自己的权力意志，所以，赢得成功或者接受失败都是一种使个体自我毁灭的行为模式，更是使社会自我毁灭的模式。

（2）教师的专业自主空间被挤压与工作积极性的削弱

在当前的学校管理现状中，教育行政部门直接干预教师课堂教学及学校管理的方方面面。教师怎样备课、怎样上课、怎样评价学生、怎么管理班级、怎样晋升职称等细节问题都有严格的条文规定和制度要求。在教师评价行政导向和外部监督控制为普遍常态的情况下，教师在学校工作及课堂教学中，成了各种教学模式的复制者和指导专家的附庸者。教师不需要主见，也丧失了主见，教师不需要自主能力和工作自信心，也丧失了自主能力和工作自信心，自主意愿不断被淡化，逐渐养成了被动接受安排的意识和行为习惯。贾汇亮（2014）指出，教育行政部门控制严密，自主空间被挤压；学校教学模式整齐划一，自主能力被质疑；学校、社会中，分数至上的理念，教师教学理念不被认可，自主意愿被淡化，这些导致教师缺乏自主履行专业职责的权力诉求，也欠缺遵循教育教学规律的自主探索，更因此缺少了基于教师专业成长的自主能力和勇于承担职业责任的自主意愿[6]。李明菊（2011）也认为，教师缺乏对教学自主权利的内在需求。相比于对教学自主权利的诉求，教师可能更倾向于安于现状，而不是对教学工作进行自主性探索[7]。

教师没有自主教学的工作空间，教师的工作情感需要及意见诉求也不能得到真正的尊重和考虑，如何按照领导上级提供的模式去照搬、复制成功，才是大家真切关注的重点。在当前的教育教学改革中，很多教育行政部门和教育领导者往往质疑教师的教学素养和教学能力，热衷用各种规范化的制度、统一的固定程序或严格的固化模式来保证学校的排名或者学生的学习成绩。教师的专业责任被推诿给了领导上级，教师的自主意愿消失无踪，重复的劳动和简单的体力付出成了教师工作的常态，个性化的教学风格和顾客化的量身定做、因材施教行为越来越少，学校距离教育的本质也越来越远。

在自主空间被挤压得越来越少的情况下，很多教师逐渐丢失职业的自信、自尊及专业的工作乐趣，内在的发展动力逐渐被削弱。在自主空间被挤压为零的同时，学校教学模式整齐划一，学校管理模式千校一面，教师状态秩序有余而活力不足，各种趋同成为学校的普遍特点。一方面，我们希望打造学习型组织和自主型管理人才；另一方面，我们不信任教师，我们培养的教师以被动和依附面貌示人，这种模式最终只会让学生也失去自主的空间和自我管理的能力。

目前，学校以层层评价体系固定和桎梏教师对教育教学工作的认知，教师的工作内容和工作动机开始偏离教育的原始轨道。教师的所谓积极性并不是发自本心的，这种假积极带有强烈的功利性、目的性，教师逐渐开始为了学校规定、为了家长点赞，甚至为了社会评价导向而“做“教育。这种情况下，只有找回真正的本心去工作，通过沉淀找出真正的自我，真正意义上的积极性才能不请自来。

在对一百多名中小学教师就有关工作积极性成因问题进行的多轮访谈中，笔者摘取其中若干条影响工作积极性的因素。其中，学校对教师的职称及绩效评价、社会及家庭对教师的评价、上级的评价及行政任务的干扰（各种评比、检查、督导）、工作竞争激烈、工作关系紧张等是造成教师积极性低的主要原因。由于过多的评价干扰，以及对评价的公平感缺失及竞争关系的紧张，使教师逐渐失去了工作的乐趣，甚至缺乏工作信心。为了不从竞争中出局，常常因考核业绩而失去了工作乐趣，外界所迫的“终身学习”，挤压掉自己的专业自信和自我效能感。而组织在通过压榨获得预期的业绩和目标之后，又进一步强化行为培养链，变本加厉地实施更为严苛的控制和干扰，致使群体环境的竞争对立关系更为激烈和恶化，甚至影响到教师的身心健康及人格的发展。在这个同伴关系失去信任，自我关系失去信心，组织关系失去信仰的漩涡中，个人的主体性和组织的主体性都在逐渐丧失。学校或教师群体，要么被动等待别人把自己“边缘化”，要么被操纵到所谓的“中心”，而丧失了自己的“中心”。一个人一旦缺失了主体性意识和行为，就绝不可能拥有真正的积极性、主动性和创造性。

以某位同学的陈述为例，该同学的父亲所任职的高中，在管理上遭到很多老师的吐槽和质疑。许多教师认为，这所高中的管理越来越不“人性化”。学校为了抓学生的学习成绩，对每次月考成绩都进行各方面的分档排名，分为 A、B、C、D 四档，排名的内容包括各班的平均分、各科成绩的平均分、后进生成绩提升人数比。这个分档排名看似是给各班同学排名，其实也是给相应的教师排好名次。比如，各班平均分对应班主任，各科平均分、后进生成绩对应不同的科目任课老师等。这个制度看似是要调动老师的积极性去认真对待教学工作，但由于这不是一个正强化刺激，而是一个负强化刺激——评为 A 的老师不会有奖励，但评为 D 的老师一定会有相应的惩罚（比如扣钱），这就导致老师也和学生一样，一到考试就压力倍增，因为就算平时教得再好，学生们的临场发挥也不是老师能掌控的。曾有同校老师说，“邻区的某所高中，名声也很不错，其成绩水平和我校差别不大，都处于前列，但那里的老师们每天都很幸福。老师们不用坐班，工作时间非常自由；课程教学、作业布置、考试安排不死板；管理制度非常人性化，比如有老师过生日，校长会送花等等。”这样的工作制度安排，就会让老师们身心愉悦，老师们不受管理层的控制和约束才能更好地进行教学。此外还有很多不人性化的制度占据着教师的空闲时间和心理空间，比如，班主任一周至少有三天全天候坐班，各任课老师的教案和 PPT 要每周上交，学生作业的批阅情况会定期检查等等。越来越多繁杂的制度压抑着教师们的工作积极性和自主性，不但没有达到管理层预想的效果，反而使越来越多的老师开始应付学校的安排和自己的教学任务，为学校“建功立业”的热情逐渐降低，职业倦怠感增强。有很多老师表示，本来是有激情的，希望能在学校里干好，带出越来越多的好学生，然而，现实的环境让他们心寒：在管理制度的控制下，缺乏个人自由，自我成就感也在逐渐降低，渐渐地就没有了工作动力和教学创新，“爱怎么样就怎么样吧”，有这样想法的老师很多。可见，管理能否得到成效，管理者能否得到拥护和信任，简单来说，就是“人心向背”。人心向，则心齐，就能依循着好的管理制度向着目标前进；人心背，则心散，或演变成集体对抗，管理层与下属的矛盾加深，必会造成集体功效降低。人不是机器，他们有着强烈的自我意识，所以，管理不应是控制，而是引领。顺感人心，以柔克刚，用包容、真诚的姿态对待每一位集体中的成员，学会发现并优化整合成员们的存在价值，才能让成员们在一个严谨而又温馨的集体中发光、发热。

总而言之，人力资源是组织发展最核心的资源。要发挥好、利用好人力资源，必须把人当作人来管理。教师，对于教育机构而言，是百年树人的重要资本，对于受教育者而言，也是他们一生中最重要的资本。古话说得好，“读万卷书不如行万里路，行万里路不如阅人无数，阅人无数不如名师指路”。要想学校长久发展、学生长远发展，学校应该尽最大可能，给予教师更多的空间和信任，同时减少对教师的量化管理，让教师有空间、有时间、有动力、有耐心去开发新的课程，去创新教学模式，去探索更多元、更有效的育人方式。如此，才能实现学校的健康发展。尤其是量化管理，并不适用于对教师的管理，教育领域的很多重要方面都是无形的，是没法量化的。且教师群体是一个高素质、高自觉性的群体，量化评比会带给教师很多额外的压力和误导，教师会过度关注学生的成绩，从而在重要方面有失偏颇，最终，会使教师服务于考试质量，而不是教育质量，这完全有悖于教育的本质和目的。从教育管理部门的角度看，在对学校进行评价的时候，不能指向升学率和成绩排名，最应该关注的是学校是否以人为本、学生是否充满活力和期望、教师是否能够沉潜静心，学风、校风是否持重。把人作为机器的量化评价机制不变，将很难真正从根上调动教师的积极性，实现高质量的教育服务。不过，多年的工作习惯和观念，教育评价和“应试”教育观早已根深蒂固，想要真正转变到“人的教育”，其实是需要很长时间和很多人的共同努力才能得以实现。

（3）对立关系存在和主体性丧失的悲剧在课堂上的重演

这里以某省、某地区、多所小学开展的“小组合作学习”的实际情况为例，呈现一下从基础教育阶段就开始的竞争对立关系的现状：

小组合作学习管理分工由四个层面组成（如图 1 所示）。

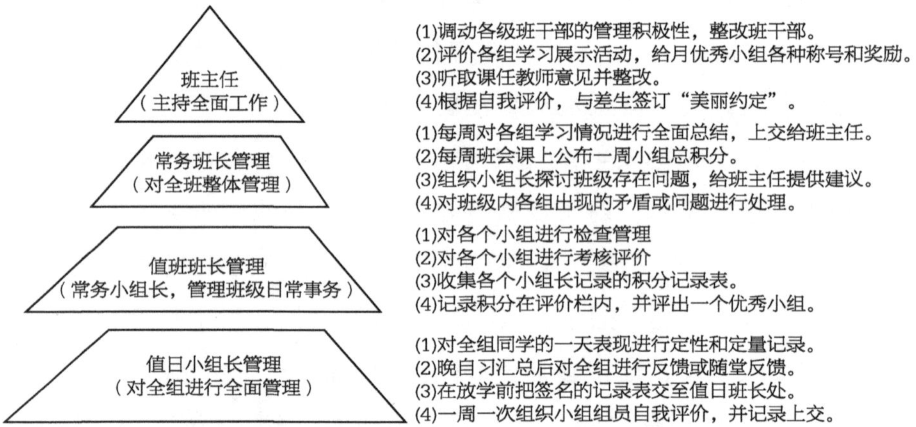

图 2-1　科层式竞争型“小组合作学习”管理分工示意

第一层是值日小组长管理。对小组进行全面管理，主要对全组同学的一天表现进行定性或定量记录，如课堂表现、发言、展示次数等，并在晚自习后向全组进行反馈（也可随堂反馈），及时鼓励、督促、帮助后进生，使之积极参与到小组学习及展示中来，小组长在放学前把签名的记录表交至值日班长处。

第二层是值日班长管理。值日班长由各组常务小组长担任，每天管理班级日常事务，对各组进行检查管理、考核评价，根据各小组长反馈上来的记录表，将小组积分公布在教室评价栏内，并评出一个优秀小组（如：公开发言或展示一人次1分，违纪或没按要求完成任务，扣除相应分数；在单元检测、期中、期末考试中，退步最大的一个小组，扣10分等）。

第三层是常务班长管理。常务班长对全班进行整体管理，履行副班主任的职责。每周对各组学习活动情况进行全面总结，形成书面材料，上交到班主任处，并在每周班会课上，公布各小组该周总积分，并组织小组长探讨班级内存在的问题，给班主任提供班级管理的积极建议。对班级内各组出现的矛盾或问题进行处理。

第四层是班主任及课任教师管理。班主任应善于调动班干部的管理积极性，支持班委的工作，公平公正的评价各组的学习展示活动，对月优秀小组进行精神或物质上的奖励。班主任还应与任课教师经常沟通，听取建议，并针对反馈意见，及时联合班干部进行整改。

具体来说，教师根据各个小组的作业完成、课堂纪律、分组研讨、展示交流、评价等情况给每个小组量化打分，每天评出三个“优胜小组”，每周评出三个“红星小组”，每月评出三个“红旗小组”，每期评出三个“全能小组”，并模仿“星光大道”的做法，授予“日冠军”“周冠军”“月冠军”“期冠军”等称号，并给予获奖小组适当奖励。奖励模式也是多样的：发奖品、发喜报、把照片贴在教室墙上或者班级电脑桌面上。而对于老师的奖励，则由家长掏钱购买——可以是一顿肯德基、一本书等等。

“自我评价”一般每周一次，先分组谈，由小组长组织。谈自己一周来的表现：自己最满意的地方是什么；还有什么地方做得不够好；下周该从哪里努力。然后，老师再有针对性地请个别同学谈，针对每个学生的不同情况，提出具体的要求，和部分“潜能生”签下“美丽的约定”。

总之，一个小组4~6人，小组之间是相对独立的关系，每个组按照自己的要求和进度，各自为战，但又充满了竞争、对抗和质疑。每个学习小组就好像是一个微型班级，小组合作将“大班级”变成了“小班级”，组与组形成竞争，组内学生形成竞争与帮扶的学习环境，使学习效率最大化。

这个案例并非只是一个地区的教育案例，它具有一定的普遍性。在学校里，竞争普遍化的类似做法所带来的精神压力、物质刺激和对立思维，对学生的成长非常不利。合作学习小组得以真实存在的最大基础是自主意愿、互助互帮、合作学习，而不是在班主任操纵下，实现更大范围的绩效竞争。合作学习小组的构建重点是如何促进合作学习，而不是所谓的竞争性奖惩。如果竞争太过，会让人产生心理压力，短期可能有助于学习成绩提升，但长期来看，会压抑人的学习兴趣和乐趣，造成学习不良。教育是长跑，让学生们在基础教育阶段就开始这种无谓的竞争，只会让他们更早地体验到倦怠感和麻木感。

学校的学习环境和同伴效应是家庭教育无法实现的。学校的优势是老师和学生们自主自愿地相互扶持、相互帮助，共同渡过相互关爱、相互学习的一段美好时光。正如李希贵校长所言[8]：“学校本来是学生们寻找同伴、寻求合作的地方，不知道从什么时候起，我们主流文化竟然变成了寻找竞争、寻找对手。如果学生们在校园这方净土中都感受不到团队的价值与温暖的话，我不知道未来的社会将是什么样子。”所以学校评价方面，要简化、要弱化竞争、更不能使用物质刺激，给学生心理施压。每个人都是独一无二的，以尊重的方式评价管理，才能换来自尊、自重的人。

不过，深究教师为何采取这种管理评价的方式来管理班级和学生，可以发现这绝不是教师个人的问题。这是学校和社会大环境中，对立关系所熏染的结果，也是追求即时回报和结果导向的结果。一位被访教师说："教师是一个高素质、高自觉性的群体，我们经常说一句话：做老师其实是一件良心活儿。基于这种认知，其实老师们是非常乐于为教育、为学生们付出的，不然良心都会觉得不安。但是，大多数的领导却忽略了这点，总是喜欢用各种制度、考核、评比来给老师施压。在这种情况下，老师们心力交瘁，主动变成了被动，身体累心更累，职业幸福感缺失，而这种压抑又会传递给学生，这是一件多么令人担忧的事情。"教师在严苛单一的管理评价环境中生活，必然也会用这种方式去管理和评价他所引导的班级和学生，在一个缺失尊重和缺失主体性的工作环境中生存的人，也只能以相同的方式对待他人。上级把控制传到下级，下级再把操控传到职位更低的人身上，这样层层传递，不仅无法解决问题，还有可能学会通过怀有敌意的控制和操纵，把自己的意志强加于别人，驯化出奴性的人、跪着的人。只有获得尊重、拥有主体性的教师，才能培养出懂得尊重他人的人，也才能滋养出自主意识强、积极活跃、站立起来的人。

4. 解决对策及治本路径

外在的对立关系不利于教师主体性的建立，内在的对抗关系不利于教师主体性的成长。只有和谐、统一的内外关系才有利于个体主体性的建立和成长。只有拥有了属于自己的主体性、积极性和主动性，每个人的独特才能才可真正从内在展现出来，进而通过产生稳定的、个性化的创造力来维持组织的活力及可持续发展。

（1）对教师工作积极性问题的进一步剖析

积极性属于内在心理动力范畴，是个体心理能动状态的表现，积极性解决的是"愿不愿"的问题，而不是"能不能"的问题。如果"不愿"就没有探讨"能不能"的必要。意愿是一切的前提。有意愿不一定能做好工作，但是没有意愿一定做不好工作。教师工作积极性，是指教师对教育、教学工作的意愿，是教师能够主动地去工作，并享受这个过程的状态。有积极性的人不需要外力的影响、不需要外人的督促，自己主动去做自己想做的事，并保持着乐此不疲的状态。对工作饱含浓厚的兴趣，持久的内驱力，充沛的情感投入，才可以发挥自己最大的活力和创造力。学校发展和学生成长皆系于教师积极性这一命脉之上。学校领导者不应该对教师工作积极性有刻板和不理性的认识。积极性问题绝不能简单归因到教师个人心理、行为或者态度上。

作为教师，其身份是非常特殊的。教师、医生、警察这三个行业的工作岗位都是非常神圣的。这三个行业的薪资，不管多少，都需要在岗一分钟，就尽一份心，不能违背自己的良心，因为人是不能被辜负的，工作是不能懈怠的。那么一位教师是否拥有积极性，可以通过哪些表现来判断呢？

a. 是否以自己的教师职业为荣，愿意终身从事教育事业。

b. 是否喜欢和学生在一起，用欣赏和鼓励的眼光，关注他们、帮助他们。

c. 是否乐意与同事就教育教学问题展开讨论和分享。

d. 是否对教育教学的前沿理论和研究有强烈的学习渴求。

e. 是否享受工作状态，是否在工作中感受到成就感和幸福感。

f. 是否有教育教学创新实践的好点子，并时有灵感的迸发，愿意为学校发展和学生个性发展献计献策。

g. 是否在不被认可的情况下，也愿意继续尝试教育教学管理策略上的创新。

h. 是否在不被规定要求的情况下，也愿意坚持为学生细致地批阅习作、编写新学习材料、开发新教案、创新教学模式。

i. 在与自己的时间与精力发生冲突时，是优先完成与自己的荣誉、评职称、行政管理相关任务的事情，还是优先完成与学生相关，与学生家庭亲子关系相关，或者与教学相关的事。

j. 是否乐意对自己的教育教学工作不断进行新的尝试，是否拥有改进自己和发展自己的不竭动力，并能通过及时反思、改进，找到行之有效的做法，并形成自己独有的工作特色。

有关影响教师工作积极性的因素，可以分为内因和外因两大类。内因包含教师自己的独立人格、教育初心、教育情怀和教育信念、价值观、人生目标、兴趣热情等。生活中我们可以见到那些从小立志做教师，并在“长大后我就成了你”之后，对教育满怀热爱、对学生也很耐心，凭借一腔热爱进入教育系统的人，其工作积极性也常常很高。而那些由于父母要求或者就业压力，被迫“退而求其次”选择教师行业，或者“误打误撞”当了教师的人，其工作积极性常常不太高，尤其是当这类人在遭遇困难或挫折的时候，或者长期面对繁琐、劳累的工作时，他们很难以积极正向的心态调整自己、突破自己。而有教育初心的人，在工作历程中，即使遇到挫折和磨难，也能在一段时间内，迅速有效地调整好自己的状态，并且能从自己的改变和成长中，看到工作的未来和希望。

还有那些小时候受到好老师影响的人做了教师后，其教师工作积极性一般较高，源于他内心中好老师的模范影响和正向指引，而那些从小未受到好老师影响的人做了教师后，其工作积极性较低，且对教师职业的认同感较低。一位受访教师谈到选择教师职业的初衷：“我小学时的老师给我留下了很深的印象。他们的板书、自制的教具、投影片、挂图、批阅的练习册，还有老师的笑和信任。一切的一切都给我的童年留下温暖的画面。我很崇拜我的老师，如果自己也可以成为这样一位老师该多好！可真工作了，发现现实与想象完全不同，由于我搞不懂学生、家长和管理，所以经常有挫败感。但我工作还是努力的，因为我知道它真的是这世上最伟大、最了不起的职业。所以，我从未因为那些繁杂的日常而焦虑，我也始终未曾放弃寻找破解这一切难题的希望。”

内因是最主要、最关键的因素，甚至可以说，它是主宰积极性的唯一因素，但这个因素常常是不能改变的，甚至是与生俱来的，故很难对其加以研究。而外因虽然是次要的，但对内因不强的人其作用很大。

外因包括工作环境、制度规章、学校文化、工作团队氛围、激励惩罚制度等。学校领导管理者应该致力于保护教师工作积极性的外部条件。接纳、关心、爱护每一位教师，真正尊重每一位教师，建立公平、公正的规章制度，平等地对待每一位教师，恰当地使用激励手段，建设开放、包容、自由的文化环境，允许老师自主的发展，允许教师在错误中尝试和学习，让教师不仅觉得有劲儿、也有处使，并愿意将组织目标与个人发展及个人利益有机地结合起来。对教师的尊重和关注，不仅仅只停留在工作层面，还应该上升到精神层面。理解教师各自不同的情况和能力，了解教师工作和生活上的困难，能发自内心地接纳，并尽力提供帮助。创设自由民主、积极向上的环境和工作氛围，使教师的付出能够得到应有的肯定。创设良好的人际关系，让教师在愉悦、轻松的环境下，心情舒畅、充满幸福感地工作。搭建教师参政、议政的平台，使教师的合理想法得到尊重，并尽可能提供条件予以实施，增强教师主人翁地位。领导管理者只有以宽大的胸怀和高远的格局，来成就教师、成就学生、成就学校，才能带领大家一起长久地发展、不断地成长。

（2）教师积极性问题的解决对策与建议

A. 给决策部门的建议：应关注主体性教育理论的价值及其积极性问题的应用

教育决策者应关注主体性教育理论的重要价值。波特（Porter，1981）曾指出，思想上和行为上的独立性以及自主性，是人的基本需要，人们在规则、规章、秩序和最后期限的压力下工作将会干扰他们的自主性和创造性[9]。理查德（Richard，1976，1983）也曾用“原创者”和“马前卒”的比喻来区分自我作主与他人做主的差异。“原创者”认为自己是行动的主人，“马前卒”将自己看成是参与一项受他人控制的游戏，自己无权决定自己的行动。当人们是马前卒的时候，游戏变成工作，休闲变成义务，所有的内在动机变成了外在动机，你的自我决定权为人所践踏。更有很多相关研究结果表明，人在拥有较大的自主权的时候才会更加自信、自尊，对自己的表现也才有更高的要求。[10]

同理，拥有主体性和自我个性的教师，才能在教育教学过程中表现出无可限量的独立性、自主性、创造性和能动性。所以，一所学校能否真的可持续发展的重要参照，应是教师和学生的主体性发展水平，即师生在合作学习中，有意愿并且能够将其自主意识和自我发展意识，通过实际行动表现出来并产生有意义的互动效果。从十九世纪五十年代，主体性教育理论开始关注学生的主体性，再到关注教师和学生的双主体性，再到师生交互的主体间性理论的演变，都是把人当成人，从而关注教育本质、注重人的活力和内在动力的重要理论探索和发现，值得我们在教育理论上予以关注，并在实践中予以践行。

B. 给学校领导与管理者的建议：教育管理实践要斟酌行为培养链条的设计初衷

在学校管理的实践层面，如果培养教师行为的“链条”几乎都与物质、经济、领导的重视和竞争胜出的外在安全感等挂钩，人们倚赖的全是这些外在的东西，那么“人的外在相倚性”就会不断强化。久而久之，人们就会不再关注“人的内在相倚性”，诸如工作中油然而生的责任心、因自己喜欢而升起的工作热情、积极向上的工作状态，给自己带来的满足感和意义感、自尊和自我实现的价值感和效能感等，这些本来最为珍贵的东西就会逐渐被当作垃圾遗弃。

这不仅是被管理者的损失，更是管理者的巨大损失。因为培养行为的行为链不重视人的内在相倚性，那么，就等同于割断了奖励惩罚物与设计初衷之间的联系，其结果就是，设计初衷失效，甚至使人格扭曲。

李希贵校长曾指出：一位教师的全部使命就是教书育人，他的业绩理应由他的学生来体现。只有学生的成长，包括德、智、体、美的全部增值，才能称之为教师的业绩，舍此无他。而开设公开课、发表文章、著书立说这些成果，可能会影响一位教师未来的素养，但素养并不等于业绩。重视教师的专业成长没有错，但将素养与业绩简单相加，甚至混为一谈，则是管理工作的大忌。那样不仅使组织分不清真正的评价依据，就连评价对象也会迷失自己的方向。时间长了，必然会影响到组织的健康发展。所以，为了鼓励老师们既重提高业绩，又重提升自我素养，应把两者分开衡量。这样一来，业绩、素养不仅学校分得明白，就连老师自己也一清二楚，不至于迷失了自己，也自然会在各自的专业成长道路上走得更远。其实，一旦我们有了科学的评价方式，穿着各种鞋子的人都可以走得很快[11]。

在学校管理实践中，育人是我们设计各种行为培养链条的初衷，教师的全部业绩理应由他的学生来体现，这是一切发展的根本。因此，围绕把学生培养成人、成才这一根本出发点来评价教师的业绩，是一个组织健康发展的前提，也是尊重人的主体性的关键路径。由于教师的素养和业绩只能通过学生走入社会后所表现出的能力、素养、品质来评价，所以在教育教学管理上，必须弱化或取消精英化的比赛竞争模式。教师评价和学生评价应摒弃急躁的绩效和业绩评价，而应该多多建构接受式、等待式、合作式的评价和学习。

C. 给教育行政管理者的建议：遴选以人为本的学校领导管理者

作为教育行政管理者，要明确学校的一切改革发展皆依靠全体教师和员工，领导个人的魅力、行政班子的能力或政策机会的赐予都是外在的条件，这些外在条件所能带来的效果是有限的、暂时的，而内部驱动力所带来的能量才是无限的、长期的，只有从教师内心深处迸发出的工作动机、工作意愿、工作热情，才是真正的工作积极性。所有教师的积极性加在一起，就会形成巨大的工作士气，有了士气，就能无往不胜。教育管理者，只有持有这个观念，呵护和滋养全体教师内在的积极性，才不会在制度、管理举措上有所偏差，才能带领学校持续向前发展。

呵护和滋养教师内在的积极性，激发人们潜在的工作激情与士气，要求领导管理者不能搞特殊化、不能有特权、不以自己的权威来“压榨”教师、不以命令的方式“打压”教师，应该关爱学校的每一个人，做教师们的引导者而非指挥者，服务全校师生，善于倾听师生们的诉求，那种目空一切并且把学校当作个人产业、把他人当作工具的人，决不能选做校长。教师和员工的积极性，受校长的领导风格影响很大，因此，遴选校长要选择以人为本的校长。一个以人为本、开明、受人尊敬、有渊博知识和个人魅力的校长，会让教师更愿意付出。

a. 学校管理者管理方式不能过于传统，要有现代民主意识和人文关怀

学校关注教师，教师关注学生，学校才能得到长远的发展，才能形成一个良性循环。在采访教师时发现，绝大多数教师都提到自己在学校里受尊重、受重视的程度，对其积极性有深远的影响。教师即使怀抱一腔热血，如果得不到尊重和重视，心中的火焰也会被浇灭。我们在做教师管理的时候，一定要重视一线老师，要给予教师团队足够的尊重，聆听他们的声音，能够给他们足够的空间去发挥自我，使他们有空间和权力去实现教书育人的梦想，从而提高教师的职业幸福感。校长还要与全体教师有更多、更好的交流，在日常工作中，能够用体现人文关怀的工作方式，融化教师心中的坚冰，能够拉近管理层与教师间心灵的距离，使教师感受到组织和集体的温暖，关注教师的心理健康和精神愉悦程度，最终能够达成上、下级对工作的共识和心灵的共振。

b. 校长负责制下的民主管理不能流于形式，切实提高教师的参与治理权

学校管理者要重视学校人际环境的和谐程度，要学会放权，留意教师缺乏当家作主意识的状况，主动培养教师主人翁意识，鼓励教师献言献策，不怕繁琐麻烦，坚持全部工作都实现公平、公正、公开、民主化管理，并能够得到教师的理解和支持，最终形成良好的民主参与氛围。

c. 建立科学的激励机制是提高教师积极性的根本保证

在工作制度和奖励机制上，要多一些激励性制度，少一些惩罚性制度，要以多种方式对教师的优点、业绩加以认可、鼓励、肯定、表扬，从而增强教师的归属感以及对学校文化的认同感，教师愿意以学校的荣辱为自身的荣辱，这样的管理状态才是一名好校长应该追求的。

d. 提高领导管理者的自身素质，讲究领导艺术

遴选校长，要选择具备“渐进理论”思维的人。绝不能选择急功近利，追求个人政绩、功绩、学生成绩的人。具备渐进理论思维的人，相信努力，相信循序渐进，相信稳扎稳打，不轻易给人贴好、坏的标签，不追求完美，不急躁冒进，不注重眼前的结果，而是看重长期的过程，能够耐心地从挑战中吸取经验教训，不看重获胜与否，不在乎浮华的完美形象。

如果一个校长过于急功近利，就会导致只用结果来衡量教师所有的付出。校长与教师的对话和交流只与考试结果有关，对努力却只字不提。有一位被访教师说：“我们有些校长很注重成绩，成绩是唯一的硬通货，只能成功，不许失败。所以，只要成绩好，这个班级就是好班，只要成绩差，这个班就一差到底。这样的评价方式会严重影响教风和学风。导致现在甚至出现期末考试时，老师进班指导学生答题的情况，严重违反了教师的职业道德。更有甚者，教师以学生在期末考试中会抄袭为骄傲。能抄合格就是本事”。这类现象，不能不说是校长急功近利所引致的恶果。

e. 合理的工作量，适当的闲暇

合理的工作量也是积极性的重要影响因素。教师虽然是具有专业素养和奉献精神的群体，但同时他们也是凡夫俗子，也有七情六欲，也有自己的个人生活。现在教师们的工作纷繁琐碎，从早忙到晚，这样的工作模式使教师们一直保持工作积极性是不可能的，而且因繁忙导致自身压力加大，也会造成很多心理问题。超负荷的工作量极大降低了教师的工作积极性，过多的行政干预和行政要求导致教师疲于应付、疲惫不堪，教师无法有足够的心力来面对学生、处理学生的个别化问题。因此，相关的行政管理部门不要给学校下达太多的评估检查要求，以及太多文本化或形式化的任务布置，让教师能够集中心力做好教学工作。

f. 关心教师切身利益，创设良好的物质条件，满足自我实现的精神需求

最后，合理的薪酬和职业晋升也是影响因素。保障付出和收入成正比，给予教师必要的安全感和体面的收入，维护好教师的基本尊严，满足教师自我实现的精神需要，激发教师的成就动机和自我认同感，这些都将对他们的积极性有很大的正向影响作用。

D. 给教师的建议：教师个体要时时反思，处处记得自己的所在

积极性是发自内心的主动、热情地做事，积极性来自内在而不是外在，所以，我们一定要做自己真正喜欢的事情才会拿出最好、最饱满的状态。自己喜不喜欢备课、讲课，喜不喜欢与学生打交道，愿意不愿意为了学生去做出改变，应该通过关注自己的内在动机，而不是出于名利，选择教师这份职业或其他教育岗位。如果去除功利性，我们依然愿意主动去做，才会有真正发自内在的，源源不断的积极性产生。虽然工作积极性的提升有很多外部手段，但归根结底，还是需要让自己内心深处迸发出工作欲望，只有这样，工作积极性才会历久弥新。

如果工作是为了获得认可，那么当你获得外在的肯定评价时，你会高兴，进而积极去工作，这是被动积极，不是真正的积极；而当别人否定你时，你会伤心，从而消极地工作。这两种情况都意味着你的“遥控器”掌握在别人手里，别人可以很随意地控制你的喜怒哀乐。评价制度指哪，我们就去哪，评价制度不指哪里，我们就不去哪里。领导说这样好，我们就这样做，说那样不好，我们就不那样做。当我们被外在动机所牵引时，很容易在得不到预期回报时自暴自弃、自轻自贱。我们自己的主体性、独立判断、兴趣禀赋、担当、责任在哪里？我们是为了做自己喜欢的事而工作，还是为了完成学校布置的任务而工作？我们是为了内心认可的美好事物而做，还是为了谋生而做？我们是为了做正确的事而做，还是为了得到别人的认可而做？这些问题的答案，都需我们扪心自问。我们要记得“取乎其上，得乎其中；取乎其中，得乎其下；取乎其下，则无所得矣”。所以，我们要时时叩问自己的内心，坚守自己的初心，即便面对学校的种种不公平、不民主、不自由的制度或规范，也不能在其中迷失自我。要明辨是非，要把“遥控器”紧紧攥在自己手中，这样，积极性才不会因为外界的评说而消逝、变化。

另外，荣誉、名利、外在的肯定，其实是令人窒息与绝望的东西。因为竞争的人很多，有野心的人很多，每个人都相信自己应该获得荣誉、名利和外在的肯定。在竞争洪流中，能够站在巅峰的只能是少数人，这就注定了绝大多数人，在绝大多数情况下，很难如己所愿。疯狂的竞争与骨感的现实之间，身处“王位”还好，但如果只能望洋兴叹的话，那么又该如何自处？！是多样化的结果追求，还是单一的权钱名利？是追求最终的结果，还是享受过程的美妙？

所以，教师个体要时时反思、处处记得自己的所在：社会组织价值与个体生命意义，他人评价与自我评价，阶段追求与终极追求，谋生动力与内心动力……，不要被主流价值观所要挟而进入恶性循环和囚徒困境，要关注自身的职业素养、自身的职业自尊、自身的职业修炼和成长。邬志辉等人在“学校场域中教师自主发展”的相关研究中提到[12]：教师自主发展与他主发展是相反的两个概念，教师不是因为外在的组织要求和社会环境压力而选择自己的发展道路，教师发展依靠的是主体性价值以及内在的统一化（即基于自我设定的原则，把自己当成目的）的能动选择。

在采访一位教师关于积极性的自我经验时，她说："我感觉保持积极性的方法，一个是自己对某事真的很热爱，确实有兴趣；另外一个就是在你遇到瓶颈期的时候，尽最大努力去争取。如果实在不行，也要学会放过自己，短暂的转移一下目标或者方向，给自己一个缓冲的时间，大方向不变，微调后可能会有意想不到的改变。"

受访的另一位教师谈到，不断自我反省、不断发现自己有待成长的空间也是积极性的有效良药。她说："作为教育者，我们先不要想着怎么去影响他人，而应该一直保持清醒的头脑，不断地反思自身、认识自己。能够影响自己的人，才能影响他人（包括学生）。我本科是在师范大学，学小学教育的。当时的我信心满满，觉得自己会成为一个好老师。但走上工作岗位后，我发现了种种问题。开始是对工作节奏和内容的摸索，但在这些都应付之后，才发现更大的困惑来了。我是当了老师之后才越发地觉得自己不够完美，性格上的弱势，固有的观念和行为模式使得我难以进步，我的状态甚至也影响到了学生。比如，我在教育教学管理中遇到问题时依然蛮干，没有意识到应该跳出来反思，了解教育对象的心理和认知规律。发现这一切后，我很苦恼，因为这不是改变一个小习惯就能扭转的事。我的种种观念深植于心，早已形成定式，有时自己甚至都意识不到。如果要想改变现状，使我教育的学生更自由、更自主，那我就需要否定自己，从观念上、日常习惯上，处处都要改变。当发现这一点的时候，我觉得好像之前的二十几年都白过了。但同时我也很欣慰，感谢这份职业能让我看到自己的提升空间。如果我能因教书而变得更成熟，那真是一件快乐的事。这几年我越发地爱看书了，内心更安定、更平静了。周围的呼声不会影响我对事件的判断，我仍能按照自己的节奏和规划，做好眼前的事，并把握住大的发展方向。我想，这种内心的沉静来自读书，也来自实践的积累和理性顿悟。当我认清自己，清楚自身需要改进的地方，就又能静下心来，沉着、笃定地做出改变，坦然接受不完美的自己。这时的我，给学生传递的是正能量，是一种温柔的强大与自信，也给予了我自己源源不断的力量和动力。”

总之，本着自主的思想和独立的精神，或者向自己本来的样子臣服，或者付出努力找到属于自己的韵律。无论何种发展方式，教师个体都应充分发挥自己的主动性，能够自主设定目标，并在自我管理下，找到属于自己人生意义和价值的自我超越方式。这种向内生长的方式才是成长、成熟的唯一方式。南宋陆九渊之后的心学大师王阳明，在龙场悟道后就曾提出“心外无理”“心外无物”的思想，后来又指出，心在则“知行合一”、有心则能“致良知”。也就是说，只要自己内在的根基不倒，你就会永远坚不可摧！如果你一直认为只有外在的目标和欲望才能“勾引”自己的积极性的话，就会发现自己在努力追求的过程中，变得越来越浮躁而不自知，眼中越来越没有人，而只有物。甚至，因为欲望的驱使而变得不近人情、戾气粗鲁、缺乏人性，或者因为欲求不得，变得郁郁寡欢、拖延处事。这时候我们必须好好审视自己，问问自己到底想要成为什么样的存在、自己如何定义自己的人生等问题。只有真正去关注自己的内心，摒除杂念，向内寻找，我们才可以一直保持一个长久、稳定、积极的工作状态，才能在内心深处滋生出取之不尽的无穷力量。

虽然社会集体无意识的价值观念和行为在较深层面上影响着个体，而且这些无意识的观念和行为起到的作用非常微妙和间接，致使个体感受到压力和挫败感，但个体的意识，其实可以即刻改变这种深层次的限制。问题的关键是，当下认识到和关注到这个问题，通过有意识的自我心理调适与预防，让自己发挥出真正的主人力量，这并不需要等个体解决了欲壑难填的外在需求时才会发生，成就自己、认同自己、找到自己，只是一瞬间的事情。

此外，除了保护好自己的内在积极性之外，作为教师还要善于保护和激发学生学习的积极性，教师要发现学生内在真实的兴趣和天赋所在，顺应学生的天性，并能够引导和激发学生内在的学习动力，采取符合人的发展规律的教育方法，让学生没有束缚地去学习。尽量保证他们能专注、享受地学习，使学生内心深处对学习、生活、世界都充满热爱和期待之情，并且对自己的未来充满希望。好的教育就是让人对未来、对自己、对世界充满希望的教育。

综上所述，本章从外在的对立和内在的对抗导致教师主体性丧失的角度，来解释教师内在积极性缺失，及由此导致的学校组织缺乏活力这一问题，希望能从本质上揭示工作积极性的概念及其深层次的机制。这个解释框架来自对经验事实的洞察和判断，它或许只能帮助我们辨识出工作积极性问题的部分成因，但坐标系可以在原则上厘清我们的部分观念，而我们的部分观念指导着我们的一些行为，而这些行为可能帮助我们收获个人的成长和组织的发展。

在我们的学习、生活、工作中，我们可以经常问自己几个问题：

a. 你怎么理解积极性这个概念？

b. 你对自己积极性的状态如何判断？

c. 你认为自己是一个有积极性的人吗？为什么？

第三章

学习之道与教学管理决策

老子教南荣：

南荣拜见老聃，道："弟子南荣，资质愚钝难化，特行七日七夜，来此求教圣人。"老聃道："汝求何道？""养生之道。"

老聃曰："养生之道，在神静心清。静神心清者，洗内心之污垢也。心中之垢，一为物欲，一为知求。去欲去求，则心中坦然；心中坦然，则动静自然。动静自然，则心中无所牵挂，于是乎当卧则卧，当起则起，当行则行，当止则止，外物不能扰其心。

故学道之路，内外两除也；得道之人，内外两忘也。内者，心也；外者，物也。内外两除者，内去欲求，外除物诱也；内外两忘者，内忘欲求，外忘物诱也。由除至忘，则内外一体，皆归于自然，于是达于大道矣！如今，汝心中念念不忘学道，亦是欲求也。除去求道之欲，则心中自静；心中清静，则大道可修矣！"

被问及是否喜爱学习这一问题，大多数学生都更爱说“我不想写作业”“我不想开学”“学习是痛苦的”等类似的话。关于为什么要学习，很多人说，“因为学习可以改变命运”“因为学习可以让我有更好的生活”“学习可以让我找到一份收入高的好工作”等。然而，热爱才是学习的第一动力，因为热爱、求知欲而学习才是真正的学习。学习不应是为了某一种结果而学习。学习是一种不需要背负结果、负担的行动。没有包袱、没有累赘的学习，才能达到最大程度的有效学习。

一、学校学习里的沉重话题

教与学的过程是所有教育机构的核心与灵魂。学与教之道，在于首先了解如何学，才能回答如何教的问题。而不是相反。如果我们不考察学校的技术核心——学与教的过程，我们对作为一个社会系统的学校的分析就会步入歧途，因为是学与教促成了很多必要的教育领导管理决策。关于学习的讨论，将提供一种关于如何开展教学的分析；关于学习的讨论，也将提供一种关于如何展开教育领导的分析。然而，学习似乎是一个黑箱，学习到底之为何物，窈兮冥兮，惟恍惟惚。

1. 学校学习的弊病：功利＋浮躁

现代教育的一大弊病就是应试教育。应试教育的目标不是提升人的学习能力，而是提升成绩排名。基础教育成绩排名是为了升入好学校。而到了大学，这种功利导向并没有得到改变，只是将排名的目的又换成了保研、奖学金和找到好工作。等到有了工作，又开始多了争当领导的目标，而这个目标不过是为了让自己在竞争中胜出，为了获得更多的权钱名利。在这个漫长过程中，各种投机取巧的手段、各种掺杂作假的事件时有发生。这个社会有多么浮躁喧嚣，想必大家都心知肚明。每个人的心都被折腾成了水里摁不下的葫芦、风中止不住的经幡。

这种学习世界里的功利和浮躁，造就了大多数人在早期教育中，就把分数、名次、学校排名等作为快乐和愉悦的唯一来源，而学习本身带来的愉悦和美好早已被遗忘殆尽，乃至人们很早就忘记了生命本身除了学校、学习成绩之外，还有那么多单纯而简单的愉悦和美好，这种用“载体”替换掉“本体”的行为，对生命的伤害是巨大的。很多人被如此“造就”之后，只会做一些对名利有帮助、有用的事情，很难再让自己去做一些“无用”而不功利的事情了。他们因此换取美好愉悦感觉的阈值也大大提高了，他们很难让自己得到满足，甚至无法让自己休息半天，给自己放个假，因为那样他们的头脑就会被空虚和无尽的惶恐感充满。他们必须去做一些事情：背单词，而不是看春光；做习题，而不是看蚂蚁。生命所需要的其实只是喜悦和美好，绝对不是必须有所事事或背负着压抑感去谋生。

特级语文教师吴非在其书《前方是什么》中曾说[13]，一个人要去生活，而不是仅仅活着，生命中有比考分更珍贵的东西。如果仅仅是活着，学习的过程就变异成被别人灌输意识的过程，活人就变成可以随意拼接组装的标准部件了。吴非老师讲，高中为了提高升学率，每年召集高三教师开会，下达班级升学指标，对高三教学做严苛的规定。

为了升学率，他们把一切有助于学生长期发展的教育看作是多余的，让学生少休息、多做题，让教师每天加点儿课时，出份试卷给学生做。学校领导根本不在意应试教学会摧毁学生的学习兴趣，他们也不在意学生能否活得像个人，他们关心的只是学生高考成绩能否让学校在当地的招生排名上名列前茅。

如果学校的学习演变成了手段，为了赚取金钱满足欲望和追逐高高在上的社会地位的手段，那么这样的学习只会腐蚀这个时代，并会腐蚀出一个个没有灵魂的个体。仅仅为了一节公开课的评价，教师可以在事后对一位课上问题回答不准确的学生口出恶言。仅仅为了一个职称，教师之间相互拆台、互搞“暗黑”动作，这样的教育环境到底是学习的环境还是名利场？长此以往，外部动机将会破坏内部动机，而外部动机只是表面看起来简单有效、立竿见影，但实际上，会对内部动机造成难以挽回的损害。虽然发现、挖掘并呵护内部动机非常困难，但是教育就是为了人能更好的发展，即使很难，也不能为了见效快、效率高而过度施加外部动机，否则只能和教育的初衷背道而驰。

2. 学校学习的另一大沉疴：育人＝驭人

学校是育人的地方。有了正确的育人理念，教育者与学习者之间是“一棵树摇动另一棵树，一朵云推动另一朵云，一个灵魂召唤另一个灵魂”的关系。但是，如果没有正确的教育理念，学习就变成了高高在上的教育者与人微言轻的学习者的互动关系：把学习成绩等同于一个人的价值，教师为了追求高成绩，把育人变成了驭人，不惜践踏学生的尊严，学生为了追求高成绩，而不惜放弃自己的自尊。

特级教师于永正在他晚年时对此有深刻的感悟。他说：“以前，学生到我办公室受到的‘待遇’是：必须标准地立正站着——脚后跟靠拢，两臂下垂，中指贴在裤子缝上。如果不‘标准’，我便命令他‘站好’，随即强制性地‘纠正’，比如用脚踢他的脚后跟。这实际上是体罚。这种做法，哪里有尊重可言！如果重回教学岗位，我绝不会再让犯了错的学生罚站，一定请他坐下。我也不会再愚蠢地把分数作为衡量学生优劣的唯一标准了。”[14]

语文教师周春梅在其书中感叹道[15]：有老师在学生每次考完试后，都排出学生名次公之于众，让后十名学生起立，并请同学们围观鼓掌，以资“鼓励”。这些老师是从哪里学的这种驭人术？是自己也曾如此被驭，如今熬出了头，便变本加厉地还给自己的学生吧。比个人经历更具影响的是社会氛围，善于驭人者，会用比肢体暴力、语言暴力更可怕的精神暴力残害每个人的灵魂。这种恐惧层层递进，最终到达学生们最为敏感、脆弱的心灵，戕害一旦造成，便无可挽回。即使恐惧的根源有朝一日消失，恐惧仍将持续传递。我们能否切断恐惧的链条，给学生隔出一个安全的角落？哪怕只是一间小小的教室，一个小小的角落。

驭人的一大后果是，被驭的人从此变成了奴仆。他们无法做自己的上帝，只会去捡拾上一级给予的威逼利诱。威逼利诱撒得越多的地方，就是大家拼命要去的地方。获得利诱，避开威逼的人，将会被大家公认为拥有控制权和话语权的成功人士。这真是一个悲惨的黑色笑话。

学生也因为在学校里被“驭”而变得世故，他们逐渐失去了童心。这不禁让人追问，学校的学习是帮助学生成长呢，还是让学生迅速市侩化？一位师范大学本科生在实习学校实习期间，写下如下观察日记，“有一次，我去隔壁班级帮忙带班，班里的学生不听我这个实习老师的话。而那个班里有个小班长，这位班长一站出来，大家就都服服帖帖，好像是班里仅次于班主任的权威存在。这位班长只听从班主任的话，即使副班主任说话的时候，他也会站起来打断老师的话、点名批评某些同学。同时，我在办公室帮忙的时候，会看到这位班长每个课间都来回办公室好几趟，来彰显自己的不同，但他其实并不能起到一个很好的榜样作用。”一个刚入学两个月的一年级小孩子，就已如此“官僚”，这样的学校是官场启蒙班吗？

在学校学习中，最重要的在于教师，教师要有责任心，不仅对专业负责，更要对学生负责。课堂学习中，不仅要学生能学会书中的知识，更多的是给予其背后的精神，教师要对学生多支持和关心，并不断鼓励和熏陶学生的自由思想和独立精神。

会支持、关心学生的教师，就能更加了解学生的想法，更懂学生。比如课堂上注意观察学生的听课状态和学习程度，有些知识这个学生是会的，可他不愿举手，这时候就需要老师能读懂他的眼神，主动叫他，给他一个机会。因为很多小学生，有时候只是缺乏一点儿勇气，老师要鼓励他们，带有责任感的教育才能发挥出学习的效果。所以好的教师会尽量用自己的肢体语言、人格魅力去缩短自己和学生的距离，让学生们喜欢教师、信任教师，并且因为喜欢教师而喜欢这个专业、这门课程，因为信任教师而信任同学、信任学校，乃至信任社会。教者不是为了让学生喜欢自己而教学，教者也不是为了让学生感谢自己而教育，教与学之间没有驾驭者，也没有被驾驭者。教者可以很开心地授课，学者可以很放松地学习，这种学习氛围才是最佳的。

学校里的学习，重在鼓励并熏陶学生的自由思想和独立精神，把学生当作一个具有独立人格的个体来尊重和引导，启发他们独立思考的能力、质疑批判的能力、探求真理的能力，而不是迫使学生屈服，更不是迫使学生变得世故油滑。能够看重学生的独立精神和自由思想的教师，不会以自我为中心，唯我独尊。尤其是在学校这样的特殊环境中，应是对旧知识与权威可以大胆提出质疑的地方，如果校长没有平等待人的意识和行为，教师就会自轻自贱、畏首畏尾，不敢表达正确的意见，并放弃专业上的探索和改进；如果教师没有平等待人的意识和行为，学生就会失去质疑能力和批判精神，那么知识的更新和演进的过程就会停止。

道理虽是如此，但是现实中师生关系大多是不平等的。即使身处当今民主文明的社会里，很多教师依然认为自己手握“威权”，并以各种各样的方式立威。一些学生在这个不平等关系中开始学会讨好老师，以便让老师授予他的一点点权力，比如打小报告、扣分、批评同学等。这种优越感，可能从小激发他对权力的欲望，甚至抹上卑躬屈膝、谋求权力的人生底色。在这个畸形发展的过程中，其他同学也同样受到影响。比如胆小怕事的人，虽然不是“施暴者”，但事到临头，只会逆来顺受、唯命是从。事不关己，则做冷漠的旁观者，其实这何尝不是一种趋炎附势和助纣为虐。这种唯唯诺诺与施暴者又有多少差别？这样的学习环境，学生们的心理和人性都会变得扭曲。这样的“学习”是一种反教育的学习，倘若没有这样的学习，至少可以保全孩子的童心和童趣，可一旦有了这样的学习，学校只会是个大染缸，而不再是圣洁的象牙塔。

3. 应试化学习：应试管理＋应试教师＋应试学生＋应试家长

应试化学习不关注兴趣、不关注个性，不主张自主阅读、不支持自由思想。应试化学习深植于学校的管理，教师、学生、学生父母的价值观、行为及态度之中。

（1）应试管理的歪经

应试管理的歪经就是通过疯狂竞争，早出人才、快出人才。做特色、走捷径的功利手段花样百出，有时甚至让人为之瞠目结舌。可怕的高考倒计时灯牌，一般都会伫立在校园最醒目的地方，时时给人一种惊心动魄之感。教室里张贴的各种狂野的励志标语，诸如“多考一分，干倒千人”“熬一个春夏秋冬，享一生荣华富贵”“只要学不死，就往死里学”，这些让人心惊肉跳的标语传递着如此错误、低俗的价值观，也折射着应试管理者的低俗不堪。在应试管理者眼中，书本中只有高考题，而没有科学人文的精神；生活中只有高考成功这一件事，没有其他值得毕生追求的事物。创名牌、搞排名，连续几年本科上线率超80%，才是这所学校的唯一招牌。只要能保住这个招牌，学生的心理健康、身体健康、人格健康，都不在考虑范围之内。学生只是这所应试学校一本升学率的贡献品。特级语文教师吴非老师在其《照亮校园的常识》一书中，如此描述应试领导们：“学校在迎接上级或相关部门的检查、验收时，教师被要求统一口径，学生被教育‘按学校和老师的要求说’。这种弄虚作假，只要经历几次，学生就会明白：这种场合不能说真话。教育管理者有没有反思过，这已经不是‘教育’而是‘反教育’了。这是对人的精神和思想的贬低，是对人正常情感的侮辱……不但把学生的思维搞乱了，毁了学生的道德观和信仰，还诱导未成年人作伪，藐视社会规则。”[16]

（2）应试教师的简单粗暴

应试教师“心中只有教育之利而无教育之美”为了应试结果而做的教育，做得越多，对社会和学生造成的伤害也就越深。还不如在没想清楚之前，什么都不做或者少做一点，让学生能够保持自我。国家的教育路线是全面提高学生的综合素养，而不是应对考试。但应试教师就生生把全面综合素养贬低成应试技能，把学习矮化成驯化，把育人降格为驭人。应试教师给学生很多死记硬背的知识点、公式定理以及格式化的模板，让学生通过日复一日的反复刷题和强学强记的题海战术来应付考试。通过花费大量时间，做机械训练和死记硬背来培养应试能力、应试技巧。很多高三学生两个学期，语、数、英等全都不上课，只用来复习刷题。音、体、美课，更是靠边站，即使上体育课，也只是为了练习规定的考试项目。所有的练习题和考试都有标准答案，尤其是像语文等人文学科的标准答案就更加匪夷所思，阅读理解有标准答案，写作文也有范文仿照。一篇描述“父母细微之爱”的作文，经过应试教师对范文的讲解后，学生们的作文都变得雷同，不是写成了“父母半夜给盖被子”，就是“下雨天给送雨伞”等等。

再举一个实例，有一位实习生，描述自己在某小学一年级实习时看到的场景感慨道："上课的时候，老师很注意学生的表述，因为一年级的学生需要摄取的知识相对简单，所以教师特别强调学生的规范性和秩序性。例如，在讲5的组成分解的时，必须两只手摊开再合上，并且朗读：1和4，组成5，5可以分成1和4……并反复重复这句话和动作。如果学生不这么做，教师先会进行提示，再不做好，教师就会表现得没有耐心，音调会提高，声音也会变大，甚至会对学生有一些不当的肢体接触（例如用手点学生的头）。我个人当时的感受是：教师这么做只是为了培养学生的规范性。但是现在转而细想，反倒觉得有些心寒，因为每个学生都有属于自己的学习方法，教师该做的是引导学生去寻找最适合自己的学习方法，而不是用这种死记硬背的方式，去逼迫学生进行同一模板化的规范和秩序驯化。"

有一位研究生这样回忆高三老师如何教他们写作文的："我的高三语文老师讲解某年的高考作文，并不是给我们提出这个题目所能引发的有关生命哲学的思考。而是告诉我们如何运用那些没有灵魂的高分作文模板得到高分：开头要先堆砌几段预先准备好的华丽辞藻来彰显文采，接着还要琢磨怎样改动最少的字眼，让那些万能的段首段尾句成功地放之四海而皆准。老师的意图很简单：最少的考试现场发挥，最多、最明显的采分点，最高的分数。文学素养不够？没关系，背几套模板修修补补，高分作文属于你！在此之前，我写作文还算忠于真情实感，在此之后，就只能陷于套用模板致使文章味同嚼蜡。你问我为什么不坚持自己？我倒是试过，但我屈服了。一则，模板作文太能迎合考试评分标准了，哪里该出现观点，哪里该有修辞方法，哪里首尾呼应，都安排得明明白白，每点都正中阅卷老师下怀。二则，模板作文直接、经济、高效，与现场另起炉灶地表达相比，简直是一条捷径。况且，大家都在用，你不用，未免会有不安。后来，我终于在高考考场上熟练地'拼凑'出一篇所谓范文。可关于之后的人生，却没有人告诉我它是否也有标准答案。我觉得长大后的我们，也依然是习惯寻找、追随‘标准答案’的那群孩子。只不过，这个‘标准答案’不再是模板作文，它变成了成人世界的成功法则。”

（3）应试学生的疯狂

应试学生也很多。说不清先有的应试教师，后有的应试学生；还是先有应试学生，后有应试教师。或许是先有一种应试文化，然后它把教师和学生都裹挟其中。现实生活中，媒体有报道说：一些应试学生会因为考试成绩而自绝，他们很在乎自己的成绩和排名，所以无法容忍自己从重点班降到普通班，或者无法原谅自己从前几名的高台掉落下来，或者无法承受应试学习之重而自绝。这样的悲剧也许只是一些极端案例，但是这些毕竟是生命的凋零，所以我们必须反思：悲剧发生的根源是什么？他们为什么在学习这件事情上如此绝望？我们该如何避免类似的悲剧再次发生？应试学生生活在非常严酷的环境中，竞争的压力、生存的压力使他们无论如何都不敢懈怠。他们浸泡在永远都要更努力、更优秀、要胜出身边同学的氛围中，因为老师、父母、社会都在告诉他们：只有这样才能获得生存的门票。他们深知高考的残酷和无情，因此也就对自己残酷无情。只是如此看待学习的人，即使长大工作，即使取得了很好的成就，其内心始终是焦虑、紧张的，这种焦虑紧张甚至会伴随其一生，使之无法获得安稳的幸福感和深度的快乐感。更何况，这种焦虑、紧张，甚至让人撑不到未来就提前选择自我了断。当雪崩来临，没有一片雪花是无辜的。

当高考成为学生们学习的唯一目的时，说明家庭、学校、社会都有责任和义务反思教育的缺陷。有一位研究生回忆自己的高中生活，提到“光荣榜墙”时她说，每次学校考试后都在一楼斜对门的墙上张贴一堆粉纸，记录下每个班的前十名及其分数，每一科的高分学生及其分数，有些科目还会按文理班分别列出获得高分的学生名字，听说之前还会张贴后进生的名次进步名单。有个学习成绩差的学生受刺激自杀了。这名学生的家长进校闹，当学生家长看到一楼的“光荣榜”时，更是发了疯似地撕毁那些名单，学校为了防止家长再激动，马上找来很多白纸，把整个光荣榜墙糊上了。不过没糊多久，等到下次考试后，那面“白墙”照样还是变成了“粉墙”，抬头看的学生依然络绎不绝。

很多应试学生，在结束高考后会撕书、撕作业本、撕练习卷，“撕书大战”在电影《银河补习班》《少年的你》中都有呈现，网络媒体里也有很多真实的照片，新闻也予以报道过。应试学生为什么撕书？大家心知肚明，撕书表达的是对应试学习的憎恨，是对自己承载过大压力的宣泄和补偿。如果你的学习充满了快乐，每本作业本里都有你过去生活的记录和感悟，每本书中都有对你精神有所启迪和感悟的篇章，每张练习卷都是你的老师专业精神的体现和关爱学生的证明，那么你还会撕书吗？

还有一位大学生，自陈应试学习给自己带来的诸多行为上的混乱和观念上的困扰：“我五年级时，根据户口地址被分配了初中，入学成绩排到年级三百名左右，这个成绩是无法上当地最好高中的。初中每个月都会有月考，第一次月考，我就进步到一百名左右，后来几乎每次月考我都有进步，成绩最好的一次是在年级第 12 名，到了初三，基本就稳定在年级前三四十名，这个成绩足以上县重点高中了。从表面上看，我的学习成绩确实是进步了，然而从后来我与外婆的聊天，和我脑海中残存的零星记忆看，我对那时的自己感到十分震惊，完全不认识那个曾经学习到近乎癫狂的自己。我会在考砸之后躲在房间里嚎啕大哭，遇到不会做的题会很暴躁，家里的小塑料凳子几乎都被我摔过，有时甚至还有自残的倾向，使劲儿掐自己，用圆规在手上留下印记，埋怨自己的没用。即便是这样一个问题少女的形象，每次逢年过节走亲访友的时候，我的父母会夸我，我的亲戚们会夸我，只因为我学习成绩好和我得到的那满屋子的奖状。学习成绩好，会得到父母更多的爱；学习成绩好，会受到老师们的特别关注；学习成绩好，还有很多特权：在家不用做家务，在校永远坐在前两排……在我对善、恶、美、丑还没有判断能力的情况下，我只知道自己因为学习成绩好拥有了什么，刺激着我不断为了成绩而学习。我人生中唯一的一次作弊经历也发生在初中，我们的考场是按照学习成绩划分的，学习成绩越好，考场号就越在前面。最开始不是我主动作弊的，是同考场的几个人找上我了，碍于人情，我答应了他们。现在的我至今无法相信，曾经为了追求成绩，我干了那么多违背原则的事情。更可悲的是，作弊不是我一个人的事情，正是因为我们将考试成绩作为评价自己的唯一标准，才导致我们出现这样的不良风气。”

从小丢失来自内在的学习积极性，不单会造成一时的问题，更会导致一世的问题和障碍。一位研究生说：“初三阶段，学校为了防止学生不必要的分心而严格规范衣着、严控早午休时间和纪律，甚至在周末补课的问题上，也由自愿变成强制。上课内容也有了考试要考则详细讲，不要考则跳过的区分，课间和课上大家的状态除了低头就是低头，我现在回忆起初中课堂的记忆只有压抑和不解，甚至没有一丝学习带来的愉悦感，频繁的考试和激烈变换的公开排名表更是成为我的噩梦，现在回忆当时，我仿佛就是为排名而存在的工具。当时我虽然身处压抑的应试环境，但我丝毫没有觉得那样的环境有什么错误，相反，我完全适应了当时的应试环境，无意识地觉得自己就是应该埋头学习、提高成绩和排名，而不应该关注任何与学习无关的事务。那时甚至认为，一个女孩子没有权利追求美，因为爱美就是对学习的阻碍。我们当时的言行仿佛就是被牵引的木偶，缺少内驱力，只是一味地遵守旁人的指令。一味受短期目标和外在督促而进行的学习并不利于持续的学习积极性的形成，甚至会发生相反的情况，过于压抑的学习经历反而抑制了学习动机。也正是因为我经历过那样的教育，反思我现在对学习的态度，我惊讶地发现，自己目前的研究生生活还是另一种形式的按部就班，根据老师的要求完成自己应该完成的学习任务，余下来的时间，我很少会因为兴趣而主动探索学习，学习动机还有很大一部分来自外部因素，积极性也并不高涨。我结合以往的学习经历自我分析，以往过于压抑的学习环境并没有让我真正体会到学习的意义，更没有建立起学习和自我成长之间的联系，学习只是达成功利性目的的工具而不是最终的目标，这也导致我学习积极性的匮乏和不足。”

（4）应试家长的悲哀

还有应试家长，应试家长们忙着将自己的梦想和期待寄托给他们的子女，高考的成功与否，代表着家庭的希望和梦想实现与否，所以很多时候，家长就是应试教育推波助澜的好手。老师布置作业少了，家长不干了。老师不公布名次了，家长偷摸地一定得问清楚排名。还有疯狂地请家教，疯狂地报补习班，疯狂地追求所谓名校名师，并因为辅导学习，导致亲子关系破裂，这些都是拼尽全力“唯分是图”的家长们的戏码。吴非老师在其文章《从人到狼》中曾讲过一位高三家长在家长会上对教师说的一段话，“一模过去了，哪些学生行，哪些学生不行，已经很清楚，我认为教师不应当把精力花在那些没办法考取重点大学的学生身上，而应当重点辅导像我女儿这样的学生，那些‘垃圾学生’就由他们去吧。”对这样的言行，吴非老师在文中慨叹，“人们很难相信，在 2005 年，在一所名校里能听到家长如此放肆的言论，而更令人不敢相信的是，这句话竟然从一个母亲的口中说出。同时令人不解的是，据说此人颇有社会地位，属于那种引导社会精神文明建设的人物。奇怪吗？不奇怪。家长敢于对教师说这样的话，说明当下的教育环境被污染到何种程度了。”[18]

著名的高考工厂“毛坦厂中学”，实行封闭式管控。学生一天最起码有 16 个小时坐在那里学习，每顿饭的时间仅为五分钟，陪读的家长们则如坐牢般租住在毛中附近。在家长眼中，高考就是学习的全部目的，家长和学生们一样背负着沉重的精神负担，过着苦难的生活。这场高考游戏，让参与其中的家长们进入一个无休无止的“军备竞赛”之中，且在这个军备竞赛中，悲情的家长们都不敢放慢自己的脚步。

总之，在应试管理、应试教师、应试学生、应试家长的疯狂下，应试学习并没有什么秘诀，一天到晚做题、考试，如果不“听话”，还会受罚挨打。在这样的学习套路中，保护每个人的学习兴趣，根据每个人的身心特点来量身定做学习内容是没有可能的；在渐进的认知过程中慢学习，在慢学习中享受学习的过程，并产生探索未知世界的梦想也是不可能的。应试学习看到的只有结果和终点，只有训练和测验。应试学习是不带个性色彩的学习，没有任何因材施教，也不可能尊重每个学生的独有个性和特点。在反复的练习、记忆、测验之中，真正快乐的充满求知欲的学习能有存在的空间吗？在无比紧张与压抑的环境中，学生们能有多爱学习呢？要知道，有智慧的人都是终身学习者，如果这么小就不爱学习，未来的人生该怎么走得更稳、更好呢？

总之，所有好的教育，都带着智慧的光芒和发自内心的关爱。对于学习，一个拥有正确学习观的教育者，应该有意识地引导学生关注自己获得新知的经过，品味、探讨、发现、质疑、感悟、形成思维经验、获得思维发展和情感品质，这是一个自然而然的学习过程，教师还要教会学生反思学习过程，而非被动接受他人传授的结果。因为掌握学习结果只是掌握表面的知识，只有认真体验和梳理清楚学习的脉络才是提升学习能力和素养的必经之路。

二、学习之道遵循自然之理

学习不是为了快速成才成人，也不是为了快速成功，更不是为了获取超越他人的社会地位和好处。学习是一件很自然的事情，是一个人内在的本性，本性是大家内心都愿意去学习，愿意慢慢学习，并在没有负担、不受苛责的学习中，感受到符合自己内心渴望的深层次快乐。

1. 中国道家的学习之道：内去欲求，外除物诱

学习本身就是一个奥秘，现代科学并不能完全认识其中的奥秘并打开学习的黑箱。但是从古人的智慧论述中，我们知道，人做任何事，没有负担、身心合一地去做才能有成长、有收获。所以有一点可以肯定：学习是一种不应背负负担、承载累赘的行动。没有负担和累赘、自然而然、不刻意、不做作地去学习，才能最大程度上实现学习的意义。

老子教南荣求道时有论：

南荣拜见老聃，道："弟子南荣，资质愚钝难化，特行七日七夜，来此求教圣人。"老聃道："汝求何道？""养生之道。"老聃曰："养生之道，在神静心清。静神心清者，洗内心之污垢也。心中之垢，一为物欲，一为知求。去欲去求，则心中坦然；心中坦然，则动静自然。动静自然，则心中无所牵挂，于是乎当卧则卧，当起则起，当行则行，当止则止，外物不能扰其心。故学道之路，内外两除也；得道之人，内外两忘也。内者，心也；外者，物也。内外两除者，内去欲求，外除物诱也；内外两忘者，内忘欲求，外忘物诱也。由除至忘，则内外一体，皆归于自然，于是达于大道矣！如今，汝心中念念不忘学道，亦是欲求也。除去求道之欲，则心中自静；心中清静，则大道可修矣！"南荣闻言，苦心求道之意顿消。如释重负，身心已变得清凉爽快、舒展旷达、平静淡泊。于是拜谢老聃道："先生一席话，胜我十年修。如今荣不请教大道，但愿受养生之经。"

老聃道："养生之经，要在自然。动不知所向，止不知所为，随物卷曲，随波而流，动而与阳同德，静而与阳同波。其动若水，其静若镜，其应若响，此乃养生之经也。"南荣问道："此乃完美之境界乎？"老聃道："非也。此乃清融己心，入于自然之始也。倘入

完美境界，则与禽兽共居于地而不以为卑，与神仙共乐于天而不以为贵；行不标新立异，止不思虑计谋，动不劳心伤神；来而不知所求，往而不知所欲。”南荣问道：“如此即至境乎？”老聃道：“未也。身立于天地之间，如同枯枝槁木；心居于形体之内，如同焦叶死灰。如此，则赤日炎炎而不觉热，冰雪皑皑而不知寒，剑戟不能伤，虎豹不能害。于是乎祸亦不至，福亦不来。祸福皆无，苦乐皆忘也。”

老子第一段话，主要谈论了学习的自然状态。一个人的学习状态是神静心清的，洗清内心污垢的状态。对知识的欲求与对物的欲求其本质是一样的，这两种都是心中之垢。只有没有了功利的目的，才能心中坦然，动静自然，自然而然，无所牵挂。这样的话，该学习的时候学习，该休息的时候休息，该做什么就做什么，不该做什么就停止，心不被扰乱，就有好的感受；有了好的感受，心的障碍就清除了，无挂碍了，头脑也就能专心学习了。即使头脑一次没有学会，再遇到类似的学习机会时，头脑会再多领悟几次，或者换个方式领悟几遍，这样下来，终究会习得这门专业技能。每个人的头脑有自己的禀赋和偏好。只要在了解自己头脑的禀赋和偏好的基础上去学习，是一定会有所成就的，即使无所成就，也会体验到学习的快乐和安然的状态。也就是说，外在的欲望和目标障碍清除了，内心清除掉对于知欲和物欲的障碍，头脑中既有的局限也被一一了解，那么内外两除，就是一个学习者应有的状态了。

第二段话，是老子讲一个已经得道的学习者的状态，也是中国式的学习之道——天人合一。这种状态内外两忘，一切都发于自然，成于自然，随物卷曲，随波而流，已不存在一个学习者，没有一个“我”在学习，这才是真正得道之人的自然学习之道。而达到完美境界的学习者，不仅是暂时的物我两忘，而是已经达到道法自然、天人合一的境界，自我意识已消弭并融入宇宙之中。

因为学习的本质是主观意识和客观世界统一的过程。每个人能够直接感知的是客观实在给自己的感觉、心理情绪和思维活动。我们是通过意识来感知客观世界的，并指导自己的行为。学习中，集中注意力乃至达到专心致志、身心投入的状态，就会化成一股潜在的意识流，这是一种纯粹的思考，没有任何多余的想法，复杂的问题在这样心无旁骛的专注状态时最易迎刃而解。学习就是使深层次的自己和真实的世界，通过意识这座桥梁发生对接，达到外在环境、意识和人的天性三者和谐的状态，最终实现道家所谓“天人合一”“物我两忘”的状态。所以，学习者要调动自身的主体性，摆脱外在欲望的限制，并与自己内在的认知特点相统一，忘我的投入到自己热爱的学习情境中，进而品尝优良学习品质带来的享受。

老子的第二段话，还有部分即整体，整体即部分的意思。哲学的客观主义和主观主义都是片面的。当一个人愿意去理解现实的世界和真实的自己时，他其实就打开了一扇门，让两者融为一体。人与自然本天成，那么真实的人和真实的世界合一将会带来宁静的愉悦。如果我们不能做到这一点，无非是一些虚假的妄念被强加在自己的心灵之上，把两者相接的通路之门给关上了而已。抛弃这些妄念，回归真实，回归自然，这或许就是“天人合一”所蕴含的深刻智慧。

当然，老子第二段论述的完美学习境界，是少数觉悟之人能够达到的状态。普通人只要能够做到第一个自然的学习境界，就属不易了。尤其是在当下这个时代，社会化的丑陋观念被渗透到每个人的每个毛孔。竞争生存、优胜劣汰的丛林法则，已经使大多数人丧失心智，在欲望之海中沉溺，不能做自己的主人，更谈不上神静心清地去学习了。

2. 中国道家的学习之道：自省内省，本明智慧

学习不是充满压力的工作，不是刻板教条的任务，它是一种生活方

式，也可以说是一种娱乐方式；它是认识他人、认识世界的一种方式，也可以说是回归自我本身、保持本我状态的一种方式。生活中有很多不同方式可以去体验学习，而在学校读书只是其中的一种，但如果去学校读书是为了拿学历，那就是一种最狭隘、最偏见的学习方式了。

道德经第五十七章讲：以正治国，以奇用兵，以无事取天下。吾何以知其然哉？以此。天下多忌讳，而民弥贫；人多利器，国家滋昏；人多伎巧，奇物滋起；法令滋彰，盗贼多有。故圣人云：我无为，而民自化；我好静，而民自正；我无事，而民自富；我无欲，而民自朴。

这段话的意思是说，以“正义之道”治理国家，国能被治理好。以“头脑”思虑用兵，则兵能被调用得当。以“无事”之风范治理天下，天下就能风调雨顺。我怎样知道上面这些道理的？是依据以下几点知道的：当天下颁布太多法令、太多规章制度、太多纪律规定时，人们无所适从、步步惊心，就会愈加贫穷；当人们之间有太多针锋相对、太多斤斤计较时，国家就容易滋生混乱；当人们因为法令多、竞争深而有太多投机取巧心态的时候，各种偷窃作伪的人就越来越多，盗贼就会越来越多。所以，圣人有这样一种思维方式，就是无为好静、无事无欲，则天下民心趋于朴，民生趋于富足。

把这段话应用到学习之道，就是讲学习轻松愉快，则自然天成。真正的教育者不要把自己当成掌控一切的神，不要把自己妄想成可以改变别人命运的神。教育者的所作所为越多、越乱、越杂，学习者就越痛苦。而且，教育者如果并不真正了解学习之道，他的教育只能把育人变为“驭人”，这样的教育就是一种暴力，是一种控制他人，使之成为只知道在考场这个“战场”上拼命竞争、杀戮和服从上级命令的暴力存在，这样的教育是对生命最大的玷污。而好的教育者重在让学生能够拥有自我虚静的心境和内在本明的智慧。好的教育者没有目的、没有教条、没有压抑、没有紧张、没有条条框框，有的只是柔和、宁静地去做，安详、喜悦地去接受一切；好的学习者，是在学习过程中放松地努力，对待不同的结果坦然地接受。中国学习论中常讲：物我两忘的状态下，那种专注力的学习效果，就是在虚静的背景下才能获得的境界。

中国式的学习之道之所以能够达到刚才提到的坦然无欲、神静心清和内外障碍两清除的境界，靠的就是自省和内省。自省、内省，可以说是智慧的根源。

道德经的《第四十七章》：不出户，知天下；不窥牖，见天道。其出弥远，其知弥少。是以圣人不行而知，不见而明，不为而成。

这段话的意思是说，人可以不出户，但可以了解天下。不用看窗外，就能知道自然的规律。越是跑出去很远，内心自省得越少，那么所知道的就越少。所以，圣人不用事事亲自实践就可以了解，不用看到或者撞了南墙，才明白事物的发展规律，不用有所作为才能达成自身的修养。只要反观自己，时时内省，就可以真正成就自己。正如《文子·道原》所讲，“大道坦坦，去身不远，去身远者，往而复返”，一个人的学习不是跑出去多远才是学习，更不是跟着专家、权威学习才是学习，真理并不在身外，“万物皆备于我”“心外无物”“心外无理”，一个人本身已具足一切，不必向外寻求，行有不得，反求诸己即可。

陈鼓应先生对这段话的解释是[19]：“老子认为心灵的深处是透明的，好像一面镜子。这种本明的智慧，上面蒙着一层灰尘般的各种欲念。老子认为，我们应透过自我修养的功夫，内观返照，净化欲念，清除心灵的蔽障。以本明的智慧，虚静的心境，去览照外物，去了解外物和外物运行的规律。”

邬斯宾斯基（Peter D. Ouspensky，1979）也曾指出相同的道理，“对各个头脑中心的每个部分及其特殊技能的研究，需要在某种程度上记得自己（自我意识）。如果人不记得自己，或者人无自知，对自己的行为没有意识，那么人无法做出属于自己的思考，也就无法通过长期而清晰的观察，来感受和理解头脑中各个部分技能之间的差异。在沉睡中是无法工作（学习）的”。

3. 中国道家的学习之道：道法自然，抱诚守真

中国道家的学习之道在于自然。自然就是自然而然，就是自己之然，是自己的本来状态。保持自然，就是不强行，滥用自己的能力和条件而耗费心力，则违背了自然，终究会受到损害和惩罚。而且，强行的人至多只能维持一时的心力，却无法一直维持。譬如自然气象中，冬天再冷，也不能让四季保持一样的严寒；夏天再热，也不能让四季保持一样的酷暑。天地尚且如此，何况人乎？如果人的学习失去了自然之道，这样的学习，不过是强弩之末、黔驴之技穷。要么是为了满足欲望而导致的疯狂学习，要么是由于疯狂学习而很快就会体验到无尽的厌倦和拖延。不在自然之道的学习，不是处于贪婪之境，就是处于禁欲之地。所以，人的学习只有在自然之中才能永久地保有求知欲、兴趣和快乐。

当然，自然是天道之作为，而非人刻意之作为。人为的自然也是伪装的自然，即伪自然。就如孩童的天真不是模仿、不是虚伪，而是自然天成，但模仿孩童的成年人，那种天真，不过是妄加想象、表演罢了。因为人的自然状态不是欲望的横行，哪怕是善良欲望的横行，也不是天道之自然。

在“孔子问礼于老子”中，有这样一段描述：

孔丘行至黄河之滨，见河水滔滔，浊浪翻滚，其势如万马奔腾，其声如虎吼雷鸣。孔丘伫立岸边，不觉叹曰：“逝者如斯夫，不舍昼夜！黄河之水奔腾不息，人之年华流逝不止，河水不知何处去，人生不知何处归？”闻孔丘此语，老子道：“人生天地之间，乃与天地一体也。天地，自然之物也；人生，亦自然之物；人有幼、少、壮、老之变化，犹如天地有春、夏、秋、冬之交替，有何

悲乎？生於自然，死於自然，任其自然，则本性不乱；不任自然，奔忙於仁义之间，则本性羁绊。功名存於心，则焦虑之情生；利欲留於心，则烦恼之情增。”孔丘解释道：“吾乃忧大道不行，仁义不施，战乱不止，国乱不治也，故有人生短暂，不能有功于世、不能有为于民之感叹矣！”老子道：“天地无人推而自行，日月无人燃而自明，星辰无人列而自序，禽兽无人造而自生，此乃自然为之也，何劳人为乎？人之所以生、所以无、所以荣、所以辱，皆有自然之理、自然之道也。顺自然之理而趋，遵自然之道而行，国则自治，人则自正，何须津津于礼乐而倡仁义哉？津津于礼乐而倡仁义，则违人之本性远矣！犹如人击鼓寻求逃跑之人，击之愈响，则人逃跑得愈远矣！

这段话的意思是说：

孔子和老子走到黄河边上的时候，孔子看见河水滔滔浊浪翻滚，气势如万马奔腾，声音如虎啸雷鸣，不觉感叹说：“逝者如斯夫，不舍昼夜！人也是如此，一天天变得老去，不知会归向何处？”老子说：“这有什么好感叹的？人生天地之间，与天地一体。人生有幼少壮老，天地有春夏秋冬。天地人生，皆自然之物。你之所以感叹，是因为你与自然疏离了，于是心生焦虑不适，这些都是你自己与自然的对立所致。”孔子被老子这么一怼，就辩解说：“我并不是悲叹我自己，我只是心怀天下，忧虑大道不行，仁义不施，而我们人生短暂，壮志难酬。”见对方这么冥顽不化，老子只好耐心地启发他：“天地没人将其推动却能自行，日月没人将其点燃却能自燃，星辰没人将其排列却能自序，禽兽没人将其制造，却能自生，这些都是自然之为，何必烦劳人去做这些事情呢？人也是一样，人从生到无、从荣到辱，都有自然之理、自然之道。顺自然之理、遵自然之道而行，国则自治，人则自正，你何必天天谈论礼乐、倡导仁义呢？津津乐道于礼乐仁义，是违人之本性啊！自然界万事万物有其自身规律，没必要人为去干预，这就是道法自然。”

老子的道法自然实在是精妙绝伦。反观现实社会，学校学习各种矫揉造作，各种利欲熏心，这样的学习打造的是“被迫积极者”？还是真正的“自发积极者”？恐怕很多人都是被迫积极者。

如果以局外人的眼光来看，所有积极学习者无疑都是积极性极高的人，无论是压力所迫，还是自己主动，只要行为上表现积极，就是积极学习者。但是，仔细观察就会发现，二者存在本质上的不同。积极性并非来自自己的内在，而是被迫产生的，是由于害怕失败、环境压力、父母逼迫等产生的假积极性。而且，学生们从小就被灌输、被培养这种积极性，这些来自外界压力和内心焦虑的“被迫积极”，使很多人渴望停下来休息，但他们害怕停下，不敢休息。

家长说：考上好的大学才能有好的出路；老师说：考上了好的高中，就是赢在了高考的起跑线上。父母老师们的耳提面命，金榜题名的学姐、学长榜样，名落孙山的师兄、师姐教训……自己内心已经打上一定要考上好大学的烙印。在这样的形势下，学生们很快被同化成了“被迫积极者”，他们会因为没有完成作业而焦虑，会因为名次下降而压力倍增，会因为竞争对手的存在而让自己充满了羡慕嫉妒恨，他们挑灯夜读、昼夜不停地学习，不敢有丝毫松懈。

中高考时，老师最爱用“提高一分，干掉千人”等话语来刺激学生的神经。实际上，学生并没有受到太大的激励，更多的是恐惧，害怕成为那个被一分所“干掉”的千分之一，所以不得不积极起来。即使在假期，家长、老师也总说：这不是你们松懈的时候，这是你们“弯道超越”的最好时间。其实很多人并没有多大的欲望学习，但却害怕成为在弯道中落后的人，所以只有提起笔，打起精神，继续学习。

如愿进入大学的他们能摆脱这种“被迫积极”的焦虑吗？答案是显而易见的：很难。虽说没有了高考这座大山，接踵而来的是奖学金、保研、毕业、找工作等各种各样的压力，他们面临的竞争不仅限于课程学习方面，升入大学后感受到的压力，比人生之前十八年的压力过犹不及。而且，从前单一的评价体系崩坏了，他们无所适从，继而希望变成全方位的优秀者，所以他们特别“贪婪”，什么都想要。特别是名牌大学的学生，习惯生活在象牙塔顶端的他们是不能容忍自己落后于人的，所以他们的脚步从来不能停下，他们热血而上进，总觉得时间不够，他们就像一块海绵，像一个吸尘器，四处撒网，这一小时做社团活动，那半小时备战GRE，疯狂地汲取养分，走到哪儿，吸到哪儿，外人眼中的他们就是“厉害的人”。但事实上，他们十分焦虑，总是担心被他人落下，每天的生活看似充实，看似在变得“更厉害”的路上狂奔，其实都是在原地打转，浅尝辄止。所以“被迫积极分子”最明显的特征就是非常努力，但是缺乏属于自己的内在信仰，被迫积极者努力的方向，就是大多数人努力的方向。这类人内心其实是非常迷茫的，只知道周围的人干什么，自己就干什么，他们的努力是功利性的。毫不夸张地说，这些人的梦想根本就不是自己心中所想，而是复制别人的梦想，一个接一个地复制标准版本，这些标准版本只是大众所追求的东西，而不是真正意义上的自己的梦想，不是真正的发自内心的初心。“不忘初心，方得始终”，没有初心，又如何得到始终？！一位研究生在反思这种被迫积极时说：“我们只会复制‘标准模版’，我们的一举一动、一丝一毫都要被置于社会标准评价之下，千雕万琢直至圆滑如一。然后为自己终于变得和别人一样而欢欣鼓舞。我们毫不吝惜地扔掉了最初生命赐予的珍贵的古怪，也毫不犹豫地屏蔽掉了自己内心的声音。我们丢弃了自我，并因此而‘成功’。”周国平曾说，“成功是一个社会概念，一个直接面对上帝和自己的人，是不会太看重它的”。看到这句话，我们不禁该问问自己：如此看重“成功”的我们，已经有多久没有直面过自己的内心了？我们自己的人生幸福，凭什么全仰赖于别人的眼光或社会的评价呢？

一位大学本科生很伤感地说："我挺想什么都不管就直接去考试，但是又控制不住自己想要考好，而且是成绩越高越好的那种心情，好矛盾啊！我感觉我们这样的人，可能一辈子都停不下追求优秀的脚步，一辈子都放弃不了这种一定要考得比别人好的期望了。我不想这么忙来忙去的，这么辛苦，但是我清楚现在的评价标准和竞争环境是怎样的，于是我不得不按着标准的方向前进。即使心里会有矛盾，会感到无奈和彷徨，但我们无法停下来。"

还有一位本科生说："我们只有做某些特定的事，才可以得到奖励和认可，大家的行为与追求被同化了。比如学生参加某些活动、竞赛、课题，就可以获得相应的加分。'不想做却不得不做'给人很大的精神压力，违背了自己追求自由的本心，所以积极性不增反减，各种拖延，各种懈怠，需要耗费心力来不断自我调整。而且，一旦奖励或惩罚消失，期望的行为模式就会消失。没有综测加分，我们还会去参加部门例会、各种无趣的比赛吗？当我在赶着各种活动时，我就在想：我为什么活得这么累啊？这好像不是我想要的大学生活呀？为什么我会在有限的时间里给自己找很多事做？为什么不给自己一段空闲时光，让心灵停下脚步、休憩一会儿？为什么应该认真完成的作业，最后因为时间紧张只能草草结尾？但是，我没有办法。如果想要得到外界的肯定，我需要让自己忙起来，我需要这些活动的加分，好让我在与他人的竞争中获得微弱的优势。"

这样的被迫积极者，从来没有真正的放松。偶尔的放松也只是在取得成绩那一刻，甚至还没过那一刻，下一个目标就已浮于脑海之中。生命是为何物，难道只是为了不断地竞争胜出，只是完成一个接一个任务的工具？人的所有正常情感都被任务所操纵——没有完成就焦虑，完成了就松一口气。松下这一小口气，就接着焦虑……难道平凡生命本身就不具备高贵的价值？也许，确实有很多被动积极者取得了世俗意义上的成功。但不可否认，也有很多自己承受不住的崩溃者，他们生命的凋零说明了什么？意味着什么？我们由此又应该得到哪些警醒和反思？即使那些得到世俗意义成功的“幸运者”，其充满“心机”地完成任务式的生活方式也会导致人生当下幸福的丧失。每一件任务都等待着完成的那天，完成那天又开始着急做下一件任务，循环往复，不断重复上述过程，完全没有停下来的可能，永远都在“赶”，而且“永无出头之日”。因为终极目标是社会制定的，而且因为追逐者只要那个最终结果，所以无法享受这其中的过程，而结果并不意味着终结，最终只是把生命白白浪费掉了。

被动积极者内心常常被植入有用大于无用、功利大于一切的灰暗底色。有一位本科生这样回忆自己的学习生活，她说：“写小说对我来说一直是一种享受，即使到了五、六年级的阶段，我也仍有闲暇在工作日的傍晚写我的故事。到了初中，学业变得繁重起来，我往往在晚自习写完作业后，用十多分钟的空闲时间写作，或者在上课时偷偷写。我妈妈将写小说称之为‘耍’‘歪门邪道’‘不正经的东西’，比起放任我写作，她更喜欢给我报各类补习班。我妈妈容忍我写作，就像容忍我在写完作业后看电视、用电脑一样，仅仅是容忍，从未支持。毕竟在她看来，看电视、用电脑和写小说都是浪费时间的事。什么事情才不算‘浪费时间’呢？学习、写作业、上补习班，因为只有这些事有助于提高我的成绩，进而有助于上个好大学、找到好工作、得到更多的好处。这是我妈妈以及许多家长的想法。直到高三时，我对写作的喜爱才受到了我妈妈的第一次真正认可。原因很讽刺，因为在我准备自主招生报名时，她才终于发现，原来写作是‘有用’的，原来小说投稿发表后，是可以帮我上好大学的。在那一刻，她后悔地说，‘以前真应该让你多去投稿’。那时候，我很讨厌妈妈的这种态度。而到了大学，我开始讨厌自己。进入大学后，现实中需要做的事，不再只有学习了。综测成绩不仅仅看课堂表现，还要写论文，申请课题，参加相应的社团活动，这一切都要为自己将来的保研铺路，可用的时间被这些事情蚕食得越来越少，写作也渐渐成了一项只有做完了所有事后才能做的‘奢侈事’。但问题是，什么时候才能做完所有事呢？忙碌的生活一波波袭来，我成了随波逐流的一抹浮萍，我也不知道什么时候能够完成一切，只是无力地被各项截止日期推着走罢了。甚至，就连应付完了所有事之后，我也没有继续写作。因为好不容易才挤出来的时间，还需要被用来‘提升自我’。尽管这些所谓的‘提升自我’并不是我喜欢的东西。我从前讨厌妈妈对我的限制，但现在，我更讨厌自己对自己的限制。在一个不自由的社会里，人是会被异化的，人的天性与人的选择都会遭到扭曲。而我，已经被异化、被扭曲了。”

必须承认的是，无论被迫积极者能不能顺利地进行功利性学习，并取得功利性的成功，无论是努力的过程，还是最后得到的结果，这些表象行为都不能真正地让被迫积极者化解他们生命中的焦虑和紧张，甚至愤怒和空虚感。无视自然本性，否认他们自己的本心，一直压抑、逃避他们自己内在的玩乐需要。这种无视、否认、压抑、逃避，就像是用层层牢笼圈养了一只困兽。殊不知我们越无视它、否认它、压抑它、逃避它，越是对这只困兽最大限度地喂养。道法自然的必要条件是抱诚守真。然而，现代社会对自己诚实、真实，已经是一件比较奢侈的事情。或许，已经没有任何一个人能够真正地了解自己，并成为自己的主人了。人们像个奴隶一样，要么被这套评价体系驱使，要么被那套考核体系驱使，削足适履让自己能够适应社会的模板要求，成为一个社会的人，而非个人的人；一个被造就的人，而非自然生成的人。在这样割裂、撕裂的个人与社会关系之间，个体内部也在不断分裂，最后演变的结果将是你拼尽全力得到了“标准人生”或“标准答案”。而达标的你，却会有一种未被满足的感觉。而且这种“吃什么糖都不甜”的状况是很难治愈的，因为按照他人意志所设定的人生道路去解答自己的人生，定是索然无味、了无生趣的，“速成”的人生必是味同嚼蜡、兴味索然的！而造成这种状况的主要根源在哪里？应试教育和模式难辞其咎。应试教育模式最可怕的是它荼毒人的精神，潜移默化地传达着一个规则：你必须接受并迎合一个既成的、统一的标准，而千万不要试图去创造一个新的个性化的答案，否则你就会被别人踩下去，成为一个可怜的失败者。

越是能够意识到自己的兴趣和意愿，却又不得不违背自己的人，也越容易感受到自己神经的紧张、疲劳和内在精神的分裂。当然，还有一类人，已经完全麻木，感知不到自己内在的分裂和分离，只是在生活中疲于奔命，尽力应付着现实的要求。千百年来，从古至今，太多的人不是在分裂中，就是在麻木中度过自己宝贵的人生，似乎只有少数人能够幸免。如果我们从小就能把中国传统文化中“道法自然，抱诚守真”的思想告诉孩子们，让他们有自知，能坦然面对自己的真相，尊重自己的自然生命，告诉他们，自然流露的积极性才是真正的积极性，一切非自然流露的学习积极性或自律性，无论显得多么“高大上”都是虚假的，愈是抗拒、挣扎，自己的本心愈是沉沦……也许，这样才会有更多人能够幸免于此“难”吧。

4. 中国道家的学习之道：童心童真，真人全人

明朝李贽的《童心说》很好地阐述了学习之道中的童心、真心、真人、全人：

龙洞山人叙《西厢》，末语云：“知者勿谓我尚有童心可也。”夫童心者，真心也。若以童心为不可，是以真心为不可也。夫童心者，绝假纯真，最初一念之本心也。若失却童心，便失却真心；失却真心，便失却真人。人而非真，全不复有初矣。

童子者，人之初也；童心者，心之初也。夫心之初，曷可失也？然童心胡然而遽失也。盖方其始也，有闻见从耳目而入，而以为主于其内而童心失。其长也，有道理从闻见而入，而以为主于其

内而童心失。其久也，道理闻见日以益多，则所知所觉日以益广，于是焉又知美名之可好也，而务欲以扬之而童心失。知不美之名之可丑也，而务欲以掩之而童心失。夫道理闻见，皆自多读书识义理而来也。古之圣人，曷尝不读书哉。然纵不读书，童心固自在也；纵多读书，亦以护此童心而使之勿失焉耳，非若学者反以多读书识义理而反障之也。夫学者既以多读书识义理障其童心矣，圣人又何用多著书立言以障学人为耶？童心既障，于是发而为言语，则言语不由衷；见而为政事，则政事无根柢；著而为文辞，则文辞不能达。非内含于章美也，非笃实生辉光也，欲求一句有德之言，卒不可得，所以者何？以童心既障，而以从外入者闻见道理为之心也。

夫既以闻见道理为心矣，则所言者皆闻见道理之言，非童心自出之言也，言虽工，于我何与？岂非以假人言假言，而事假事、文假文乎！盖其人既假，则无所不假矣。由是而以假言与假人言，则假人喜；以假事与假人道，则假人喜；以假文与假人谈，则假人喜。无所不假，则无所不喜。满场是假，矮人何辩也。然则虽有天下之至文，其湮灭于假人而不尽见于后世者，又岂少哉！何也？天下之至文，未有不出于童心焉者也。苟童心常存，则道理不行，闻见不立，无时不文，无人不文，无一样创制体格文字而非文者。诗何必古《选》，文何必先秦，降而为六朝，变而为近体，又变而为传奇，变而为院本，为杂剧，为《西厢曲》，为《水浒传》，为今之举子业，皆古今至文，不可得而时势先后论也．故吾因是而有感于童心者之自文也，更说什么六经，更说什么《语》《孟》乎！

夫六经、《语》《孟》，非其史官过为褒崇之词，则其臣子极为赞美之语，又不然，则其迂阔门徒、懵懂弟子，记忆师说，有头无尾，得后遗前，随其所见，笔之于书。后学不察，便谓出自圣人之口也，决定目之为经矣，孰知其大半非圣人之言乎？纵出自圣人，要亦有为而发，不过因病发药，随时处方，以救此一等懵懂弟子，迂阔门徒云耳。医药假病，方难定执，是岂可遽以为万世之至论乎？然则六经、《语》《孟》，乃道学之口实，假人之渊薮也，断断乎其不可以语于童心之言明矣。呜呼！吾又安得真正大圣人童心未曾失者而与之一言文哉！

他的大概意思是说：

童心，实质上是真心，如果认为不该有童心，就是以为不该有真心。所谓童心，其实是人在最初未受外界任何干扰时，一颗毫无造作、绝对真诚的本心。如果失掉童心，便是失掉真心；失去真心，也就失去了做一个真人的资格。而人一旦不以真诚为本，就永远丧失了本来应该具备的完整的人格。

童年，是人生的开始；童心，是心灵的本源。心灵的本源怎么可以遗失呢！那么，童心为什么会黯然失落呢？人在启蒙时期，通过耳闻目睹获得大量的感性知识。长大之后，又学到更多的理性知识。而这些后天得来的感性的闻见和理性的道理入主人心之后，童心也就失落了。久而久之，社会化的道理和见闻日益增多，从而明白美名是好的，于是千方百计地去发扬光大；知道恶名是丑的，便挖空心思地来遮盖掩饰。这样一来，童心也就不复存在了。所谓的圣人们，为何在读书明理的时候依然保存童心呢？因为他们能守护童心，不使失落。绝不像现在那班书生，反会因比旁人多读书识理而失掉了自己的童心。童心一旦遗失，说出话来，也是言不由衷；参与政事，也没有真诚的出发点；写成文章，也就无法明白畅达。

其实，一个人如果不是胸怀美质而溢于言表，具有真才实学而自然流露的话，那么从他嘴里连一句有道德修养的真话也不会有。为什么呢？就是因为童心已失，而后天闻见的道理却入主心灵的缘故。既然以闻见道理为本心，那么说的话就成了它的翻版，而不是出自童心的由衷之言。哪怕他说得天花乱坠，跟我又有什么相干。这难道不是假人说假话、办假事、写假文章吗？因为人一旦以虚假为本，一举一动也就无不虚假了。由此，去对假人说假话，正是投其所好；跟假人讲假事，肯定信以为真；给假人谈假文章，必然赞赏备至。这可真是无处不假，便无所不喜呀！满天下全是虚假，俗人哪里还分辨得出真伪。即使是绝妙文章，被假人忽视、埋没而后人无从得知的，不知有多少呢。原因何在？因为天下的好文章，没有不是发自童心的。如果童心常在，那些所谓的闻见、道理就会失去立足之地，那么，任何人都可以写出极好的作品。诗歌，何必一定推崇《文选》；散文，何必非得看重先秦。古诗演变成六朝诗外，近体格体，古文也发展为唐朝传奇，金代院本，元人杂剧,《西厢记》《水浒传》，还有当今科举的八股文……凡是讲求圣人之道者，都是古今杰出的文章，绝不能以时代先后为标准，厚古薄今。

所以，我对那些发自童心、真心的文章体会最深。实在用不着言必称六经，语必言《论语》《孟子》。六经、《论语》《孟子》，不是史官的溢美之词，就是臣下的阿谀之言。不然的话，也是那班糊涂弟子们追忆老师的言语。或有头无尾，或有尾无头，或是据自己听到的只言片语，写下来汇集成书。后代书生，不明此理，就以为书中所言全是圣人的精辟理论，将之奉若经典。又哪里晓得，这其中多半根本不是圣人的精论呢！即使真有圣人讲的，也是有的放矢，不过就一时一事，随机应答，以点拨那些不开窍的弟子罢了。对症下药，不拘一格，怎么可以当成万古不变的真理呢！显而易见六经、《论语》《孟子》早已被拿来用做道学家唬人的工具，伪君子藏身的挡箭牌了，是绝对没法儿与发自童心的由衷之言同日而语的。呜呼！我又到哪里去寻找童心未泯的真圣人，与他一起探讨作文之本呢？

总之,《童心说》旗帜鲜明地指出了学生的童真、童心的真实存在价值，同时指出了成年人出于自己的恐惧和焦虑对学生童心、童真、真实本性的壅塞和伤害。明代末期杰出的思想家李贽，如此大胆驳斥僵化的道学和虚伪的教条，倡导人们保持童心本性、存真去假、追求本性、斩断桎梏镣铐，去成就解放思想兼富有创造力的文章，是多么的渴切和清晰。写文章是此理，学习也是此理。很多的教育者，包括家庭教育中的家长群体，都出于自己对社会的恐惧和焦虑来推动教育，他们帮着规划和规定应该学习什么，他们代替学生们决定应该怎么学，以及应该成为什么样的人，应该走什么样的道路如此等等。教育者们越俎代庖、自以为是地指挥、控制，使学习变成了学生们沉重的负担。如此一来，学生们的学习就不是完全发自内心的行为了，剩下的只有功名利禄的算计，被强迫殆尽的意志力，看似完美的规划筹谋。完全出于自己的天性、理解和爱好来选择学习成了不可能的事。也正因如此，千人一面，千校一面，千城一面，大家亦步亦趋被社会统一化和模板化。

回到人的立场上来！每一个生命都是一粒神奇的种子，蕴藏着不为人知的神秘和独有的潜力，不需刻意传授，让学习者在广阔的学习天地里自由地翱翔，让学习者在无边的学习海洋中自由地泛舟。回归学习的自然天性，不投机，不取巧，按照每个学生的可能性去学习，才能让每个人成为他自己的样子，成为具有自由而独立人格、做自己主人的真人、全人，成为自身本已具足一切圆满的快乐之人。这才是学习的价值和真相。

5. 中国道家的学习之道：玄之又玄，活学活用

《庄子·天道》有文："桓公读书于堂上，轮扁斫轮于堂下。"

世之所贵道者，书也。书不过语，语有贵也。语之所贵者，意也，意有所随。意之所随者，不可以言传也，而世因贵言传书。世虽贵之，我犹不足贵也，为其贵非其贵也。故视而可见者，形与色也；听而可闻者，名与声也。悲夫！世人以形色名声为足以得彼之情。夫形色名声，果不足以得彼之情，则知者不言，言者不知，而世岂识之哉！

桓公读书于堂上，轮扁斫轮于堂下，释椎凿而上，问桓公曰："敢问：公之所读者，何言邪？"公曰："圣人之言也。"曰："圣人在乎？"公曰："已死矣。"曰："然则君之所读者，古人之糟粕已夫！"

桓公曰："寡人读书，轮人安得议乎！有说则可，无说则死！"

轮扁曰："臣也以臣之事观之。斫轮，徐则甘而不固，疾则苦而不入，不徐不疾，得之于手而应于心，口不能言，有数存焉于其间。臣不能以喻臣之子，臣之子亦不能受之于臣，是以行年七十而老斫轮。古之人与其不可传也死矣，然则君之所读者，古之人糟粕已夫！"

《庄子·天道》中有这样一则故事：齐桓公在堂上读书，轮扁在堂下砍削木材制作车轮。过了一会儿，轮扁放下椎凿的工具走上堂来，问齐桓公："请问，您所读的是什么书呀？"桓公说："是记载圣人之言的书。"轮扁又问："圣人还在吗？"桓公说："已经死去了。"轮扁说："那么您所读的书不过是圣人留下的糟粕罢了。"桓公说："我读书，做车轮子的匠人怎么敢议论？说出道理，就可以放过你，没有道理就要处死你。"轮扁说："我是从我做的事情看出来的。砍削木材，制作轮子，轮孔宽舒，则滑脱不坚固；轮孔紧缩，则轮辐滞涩难入。只有不宽舒、不紧缩，才能心手相应，制作出质量最好的车轮。这里面有规律，但只可意会，不可言传。我不能明白地告诉我的儿子，我儿子也不能从我这里得到做轮子的经验和方法。所以，我已七十岁了，还在独自做车轮。古代人和他们所不能言传的东西都一起死去了，那么您读的书，不过就是古人留下的糟粕罢了！"

传统文化认为，学习学的是"不可道之道"。"不可道之道"不是固化的知识。学习知识要活学活用，才是真正的学习。现代的标准化生产、人工智能，就是把"道"中的局部做算法化和数据化，但还有很多玄之又玄的"道"，是无法被算法化和数据化的。无论未来科技发展成什么样子，不可道之道都是存在的，而且其中玄之又玄的东西才是真正值得学习的东西。这也是大家平素所说的，学到最后能够剩下的东西。

6. 重新思考我们的学习价值观

每一位真正的教育工作者都希望学生能在学习中成长，能够积极应对学习、生活中的各项任务和问题，有健康的心理，有正确的学习价值观。但是在具体的教育实践中，不得不说，应试教育的激烈竞争选拔体系让身处在其中的学生逐渐被异化，而学习也逐渐被曲解，表现在学习积极性上的是被动积极，是一种处于恐惧和紧张的积极，表现在学习过程中的是极端的实用主义取向。在当今我国社会的现实中，中高考应试教育制度虽然保障了基础教育阶段的公平性，但是我们在攀爬这个“阶梯”的时候却使用了较为庸俗和市侩的手段，这是我们必须加以反思和纠正的问题。

高考是指挥棒，但是高考指向的并不应该是考试成绩，而应该是学生的综合素养、个性化及创造力。但是对中小学的师生和管理者而言，他们的行为就是把一切简化为学生的应试成绩。教育是慢功夫，一次的考试并不能代表一个人一生的水平，但是对一所高中而言，如果他们注重培养学生的综合素质，而非应考能力，它的一本升学率、清华及北大的考取率可能就比那些急功近利的学校要低很多。分数低了，家长是不看你培养的人才是否身心健康、也不看你培养的人才的综合素质，他们只看当下能够得来的好处。因为你不急功近利、你慢培养、静滋养，下一届家长受低升学率影响，就不愿意将自己孩子送入这所学校就读，这意味着学校在第二年的招生中将面临竞争劣势，难以招收优秀生源。由此，将直接导致未来几年高考成绩依然没有起色，家长们就更不认可你。在这种形势下，这所高中出于囚徒效应，也不得不跟其他高中一样采取急功近利、压榨式的学习方式来管理学生学习：

减少体育课、艺术课，专攻考试科目；减少娱乐生活时间，专攻刷题考试；减少丰富化的学习，专攻押题猜宝。

长此以往，以成绩为中心的应试教育、应试化学习，就完全取代学校及政府所宣扬的素质教育、素质化学习。急功近利才能赢得竞争的价值观也就肆意横行、遍地开花，乃至大家可以看到各种分班、各种抢好生源、各种对优差生的区别对待等不公平、不正义的做法。而我们培养出来的人变成了什么样？是让自己的利益最大化的精致利己主义者，或者是远离自己本心的“空心病”患者，或者是竞争激烈带来的抑郁焦虑者，或者是价值割裂带来的人格分裂者。我们实现培养出五育全面发展并具有健全人格、高尚情操的人？所谓的立德树人、互助友爱，在残酷的竞争文化面前是苍白的，所谓的师道尊严、高尚追求，在唯分数是举、将学生视为自己的绩效工具面前，也是苍白无力的。在这种恶性循环的情况下，我们的教育已经距离高考筛选人才的初衷、距离我们的教育本质、距离我们培养社会主义接班人的梦想越来越远了。

继续放任这种问题发展，将会给我们的教育大业、我们国家的未来埋下更多、更深层的问题和大患。作为教育机构、教师、家长和渴望人才的社会，我们需重新思考一下我们的学习价值观了。

学习价值观就是从价值的层面回答“我们为什么要学习”“我们学习为了什么”“我们为谁而学习”的问题。举一个小例子，问一个五年级的小学生，“你为什么写这篇作文？”小学生回答，“因为语文老师布置作业。”再问，“那你写完这篇作文为了给谁看？”小学生回答，“为了给语文老师看。”再问，“你认为自己这篇作文写得好吗？”小学生回答，“好不好取决于语文老师。”从这个小例子可以看出，对于这名学生而言，作文是别人让他写，而不是自己想写；作文是为了写给他人看，而不是写给自己看。这里面就有学习价值观的区别。作文的题目可以是别人给的，但是在这个题目下，可以因自己的真情实感而写，为了写给自己看而写，写得好不好取决于自己内心的尺度。当写作的人没有了被操控，或者被动的感觉，写作文就不会那么困难了。写作文如此，其他类型的学习也是一样的道理。正确的学习价值观应该是为了解放自己而学，为了自己的自由而学。通过学习，明了真理，进而能够拥有一种善与美和谐交融的生活，彰显出生命有限、但意义无限的人生真谛。

（1）监管主义与人本主义的学习价值观

学习价值观分成监管主义和人本主义两类，监管主义倾向于控制操控自己和他人，人本主义倾向于对自己和他人抱以自然而然的态度，不强制、不强迫。有时候，我们内心是监管主义，外衣却是人本主义。但有时候，我们对自己监管主义，而对别人却是人本主义（不过这种情况似乎不太可能存在，如果一个人对自己都是如此这般的苛责，很难想象他能对别人有人本主义的爱）。又或者，我们对自己是监管主义，对别人也是监管主义（貌似这类人比较多）。教育的核心是人，教育学是“人学”，而不是“社会学”。如何认识和体现人在教育中的地位，把别人当作人来看待，把自己当作人来看待，是首要的大事。在这个前提条件下去学习、去构建学习关系，才是一种正常且健康的学习。

以监管主义的态度对待自己，不是正确的学习价值观，这样的学习，不仅无法顺应自己的天性、找到自己的兴趣所在，而且还会因为带着目标强制自己学习而导致学习过程痛苦。具体表现是带着焦虑、紧张、压力学习，还会因为一次次没有足够的自律而内疚、沮丧，也会因为一次次的光环而给自己背负上沉重的“人设”，更会由于过分注重结果，一旦失败就会自卑、抑郁，承受非常大的心理压力和痛苦。这样的学习类似于身处监狱内的学习，那些不断忙着想要达成某个结果的人，其实一直都是在他们自己构建的圈子内反抗着。当制度化的评价体系映射到制度化的学校这一场景之中，学习的过程就变成了将个人的本我隐匿的过程。在这样的学习过程中，一个人无法获得自身身份的“安置”，只能被动接受他人对于自我学习的评价标准，即使因此适应了社会、得到了奖励，但丢失了自我的学习依然是最可悲的学习。

也许有人说，那些“越狱”成功的人不就是成功者了吗？那些“越狱”成功者不是照样因此而拥有了属于自己的自信和积极性吗？实际上，在仓促、草率地得出这个答案之前，我们必须仔细观察：这是一种什么样的自信。

这里引用克里希那穆提的话语，“对自我的信心，与无我状态的信心是截然不同的”。克里希那穆提还说，“那些背负着目的性，并且通过各种手段、捷径取得预期结果的人，他的信心总会沾上一层傲慢、自大的色彩，总是会有种沾沾自喜的感觉，不断对自己或他人强调说：“这是我做的”“是我做了此事”“我的理想是重要的”“我的团队取得了成功”。这种“我”的感觉会因为他们取得的成就越多、越大而变得更加膨胀。在他们自己的价值评判里，他们是极为重要的人物，他们培养起了自己的自负。带着这种自负前行的人，无论走多远，都是会对他人产生破坏性的，并最终给人类带来更多的苦难和冲突。倘若一个人能够保持纯净无邪，像一个纯洁的孩童一样，尝试做着某件事情，并由此产生信心，这种信心才是没有被傲慢、自负所污染的信心，这种纯洁无邪的信心，才能带来一种崭新的文明。克里希那穆提还说，“教育的作用，不是使你去适应社会模式，相反，它应当帮助你去彻底、深刻、完整地理解社会模式并突破其束缚。只有这样，你才能避免成为一个傲慢自大的人，并拥有纯净无邪的信心”。而现实中，应试教育、应试化学习，只是让我们关注着如何去融入这个社会，如何让自己在这个社会中成为既得利益者。这样的学习价值观摧毁了开创的精神和纯净的信心。于是，当我们离开了中学和大学时，我们已经如同一台高效的自动化机器，身上没有一丝富有创造力的激情了。可见，纯净的信心、纯净的积极性才是真正的信心和积极性，才是对自己和他人安全、无害的信心和积极性[20]。完全浸染在规范化的社会氛围和应试化的学习内容之中，只会让自己成为考试的“奴隶”、他人的“奴隶”。当自己的学习动机逐渐外化为他物和他评之时，也正是我们“贪恋”外部奖励而成为服从他人监管，并发展到深度依赖监管的人的时刻。这样的学习者，不是奴隶是什么呢？这种状态下的自信不过是遵从指令式的自信。一旦进入不熟悉的开放式环境中，这样的人是否会纠结混乱而少有自我身份认同感？是否知道从何处开始自己的学习和生活？是否了解如何从自己内在成长角度出发，选择对自己有意义的事情？是否能够根据自身未来的发展方向和长远目标选择最适合自己的方向？

以监管主义的态度对待别人，也同样是错误的学习价值观。监管主义者更倾向于把学习者看作一个敞开口的容器，或者一台启动反应的机械机器。监管主义者倾向于相信快速高效、死记硬背、“满堂灌”“包办包讲”，相信强迫性学习，相信等级奖惩评价，这些统统使得学习本身的探索价值、未知价值完全丧失掉，使人丧失自尊和自爱。学习其实是人的天性，也是生命趣味的源泉之一。但是，由于我们加了太多监管的“料”，太多不自然的激励惩罚的“调料”，反而让我们距离学习的美味越来越远了。以哈特（W.Harter）实验为佐证：他提供了四个等级的谜语，让四组学生猜谜，其中两组的学生被告知这是游戏，不计分；另两组的学生被告知猜谜的结果要进行评定，而且与学业成绩有关。结果，前者选择适合自己能力的谜语，即选择问题的难度水平与自己的水平相符；而后者选择的谜语都比较简单，成功之后，没有快乐的表情，反而显得较为焦虑。该实验得出如下结果：过分强调外界的等级评定和竞争，会抑制学生探索的欲望，导致学生选择一些不太具有挑战意义的任务，久而久之，在某种程度上就会限制学生的学习兴趣，并抑制学生的内在动机。而且即使获得成功，由于任务太简单，也不会产生太大的乐趣，成功的体验较少。一位研究生的话也反映了这个问题：“我是在正规的学校教育体制内长大的学生。学习知识→获得高分→拥有成就感→强化此种激励→更加努力学习，正是在这样的循环下，我在他人眼中始终是一个很‘顺利’的好学生。但我知道，我只是一个会趋利避害的人。高中我选择了文科，而不是理科。我因为选择文科而成为高考的获利者，但我没有以一种成长型思维来看待自己的学习。我虽然逃避了理科，但是也让我产生了一种习惯性的逃避心理。我会习惯性害怕尝试自己不擅长的事物，因为这些不擅长的事情无法给我带来成就感，会让我心生退意。我会因为害怕失败而不去尝试许多事情，一点点挫折就会让我退缩，因此，我也知道自己无法看到那不一样的世界。”

（2）实用主义与生命主义的学习价值观

以上是从监管主义和人本主义来分析我们的学习价值观，我们还可以把学习价值观分成实用主义、生命主义这两类。让我们用中国道家思想智慧深入考虑一下，实用主义与生命主义相比，哪种更加纯净无邪？实用主义与生命主义相比，哪种更加接近生命的本质，并能帮助我们回到人的立场上来？《道德经》第四十四章言：“名与身孰亲？身与货孰多？得与亡孰病？甚爱必大费；多藏必厚亡。故知足不辱，知止不殆，可以长久”。这句话的意思是说，名利和生命相比，哪一样更为亲切？生命和获利比起来，哪一样更为贵重？得到和死亡相比，哪一个更有害？过分的爱名利必定要付出很大的代价；过于积敛财富，必定会遭到惨重的损失。只有懂得满足才不会受到屈辱。懂得适可而止才不会遇见危险。按照道家的思维逻辑，除非你接受到正确的生命教育，放下物欲，按照道法自然的方式来生活，不然你不可避免地会被攫取功名利禄所吞没，或在循规蹈矩的平庸之中迷失和终结自我。学习的道理亦是如此。学习是生命的自渡，学习的内在萤火不论多么微弱，却依然可以闪闪发光，点亮自己的人生。

三、对西方学习理论的反思

学校教育的真正目的是学习，而不是应付考试。学习是经验在某人的知识或行为上带来一种稳定变化时发生的。这种变化可能是有意的，也可能是无意的。西方行为主义学习理论强调在行为、技能和习惯上的可观察的变化。西方认知主义学习理论强调诸如思考、记忆、创造和问题解决等内在心智活动。西方建构主义学习理论专注于个体如何理解事件与活动，学习被视为知识的建构。

1. 对行为主义学习观的反思

行为主义学习理论将学习过程看作是个体在外部刺激下的反应过程，研究刺激与反应之间联结的学习过程是行为主义的最主要特征。行为主义把学习看作是前因－行为－结果的不断循环的三段论。结果有强化（增强）行为和惩罚（减弱）行为。经典行为主义重在研究“被动外在刺激”，如巴甫洛夫的条件反射、桑代克的试误理论。新行为主义主要研究“主动习得刺激”，如斯金纳的 S－R 理论、托尔曼的信号学习理论。

在学校教育领域中，常把高分、好名次、荣誉、表扬、奖金、免于考试、另眼相看等作为增强行为。把低分、低名次、无荣誉、批评、无奖金、禁止参加娱乐活动等惩罚作为减弱行为。

构建学习目标、掌握式学习是行为理论应用于教学的具体例子。设定学习目标与目标管理是教育领域运用行为理论提高教学绩效的常用传统手段。掌握式学习是学习目标应用的一个常用学习方法，它将学习材料划分成一个个小的学习单元，并给每个学习单元规定出具体目标，复习和检查前一天学习的功课，让学生熟记并复习学习目标中的知识概念，呈现新材料，提供作业练习，每周、每月有复习和单元测验，学期中或学期末有标准测验等考试，根据学生考试答案给予反馈与纠正，以此让学生掌握知识和概念。

行为主义的学习方法，较为机械和单调，较为强调以教师为中心，在知识的学习上，较为强调基本的概念和技能，忽视创新思维，局限于低层次目标，把学习看作“填鸭”的过程，把学生看作被灌输、被植入的机械对象，忽略了人的个体性和差异性，漠视了知识的创新性建构，对于帮助学生掌握创造性的学习方法和解决复杂问题及情感问题等方面，并没有积极作用。

虽然行为主义学习理论偏于机械化和自我中心化，但它比较符合头脑的心智模式，即受到刺激而采取行动，并根据这个原有的刺激行动的经验而采取下一步的行动。这个模式因此在学校教育观念中非常深入、普遍，即使大家认可建构主义的学习观，但在实际操作中，也会把建构主义演变成行为主义式的建构主义。眼下课堂上，那些形式化的探究性学习、热热闹闹的小组合作讨论，就是表面披着建构主义的外衣，其实质依然是行为主义。

与西方行为主义不同，中国古代学习理论恰恰认为不必要去直接操纵或者反复刺激外部事件来改变一个人的行为。人并不是标准生产线生产下来的没有灵魂的机器人。对于一个人而言，重要的是自然而然，自然才是这个宇宙的至高法则。除了一些必要的社会法律规定，让每个人保持自然的本性，不受任何雕琢和腐蚀，是这个社会能够给予每个人的最大价值和最大利益。不仅对社会如此，对个体而言，作为一个来到这个世间的独一无二的人，从初生到空无，他能够保持自己的天然本性而没有逾矩，能够没有包袱地完全活出自己，这种状态才是个体来到这个世间的最大意义和最大快乐。比如，《庄子·内篇·逍遥游》中提到的宋荣子这个人，即是如此的状态，文中说宋荣子“举世誉之而不加劝，举世非之不加沮，定乎内外之分，辩乎荣辱之境”，意思是说，即使世上所有的人都称赞宋荣子，他也并不因此而特别奋勉，即使世上所有的人都诽谤他，他也并不因此而感到沮丧。为什么呢？因为他能够认清楚自己与外物的区分界限，能够分辨清楚，荣辱应来自自己的内在而不是外在，外在的毁誉皆是浮云，自己才是自己的主人，不以物喜，不以己悲，所以才能拥有乐得逍遥、乐得自在，如此超越的状态。

所以，中国式的学习之道讲究回归本性，回归自己内心的感受，能够探究和觉知自己的“精神”和“自我意识”。通过学习找到属于自己的“定海神针”，获得内心的平静，最终回到生命的原点。所以，学习不是“外求”的一个过程，而是一个“内求”的回归旅程。所以回归初生的感觉，找回最自然的心态，找到自由的赤子之心，让心享受当下，享受当下的学习，而不要随波逐流，不要忽略自己内心的声音，不要成为别人意愿的奴隶，做自己想做的事，拥抱真实的自己。只有这样，我们才能知道，学习是多么值得我们每个人都去探索的路，多么值得我们每个人做一个终身学习者。

2. 对认知主义学习观的反思

行为主义将学习定义为一种与心智或内在思维过程几乎没有任何实质关系的行为，学习应该研究的对象是行为而非人的意识。而认知主义则认为学习是人的一种积极的心智过程。认知心理学家研究人如何思维和如何解决问题，这是认知主义超越行为主义的重要特征。但认知主义从某种意义上看，只是又一种新形式的行为主义，因为它依然抛弃了“内省法”，依然不关注人的意识，尤其是人的自我意识，它并没有真正探究人的“精神”和“内部世界”。

认知主义者对于如何呈现知识以及如何回忆知识进行了信息加工模式的研究。认知主义将知识分类为陈述性的、程序性的、条件性的。信息加工模式认为人们有三个存储系统：感觉记忆、工作记忆（短时记忆）、长时记忆。信息加工模式认为，学习和记忆较好的人善于信息加工，他们的元认知，即监控和调节自己的认知过程的能力较强。而且元认知技能是可以传授的，因此，元认知是教学和学习的重要基础。

认知主义学习观在教学中的应用主要有：吸引学生的注意力；运用先前的知识指导知觉与注意力；帮助学生将精力集中在关键信息上；帮助学生在新信息与已有知识之间建立联系；帮助学生根据意义组块组织信息；为学生提供运用口头故事与视觉映像的机会；运用记忆术，重在理解，而不是死记硬背；通过记笔记学习；通过画直观图学习；帮助学生了解自己的认知技能，学会自我调节等。

反思认知主义学习观，认知主义学习观强调知识的内在过程，但仍属于机械式的认知主义学习观，它漠视了知识是对自我、对外部世界真实面貌的反映，漠视了自我感觉、自我价值感、自我成就感、自我参与感等对于个人积极学习的重要性。而且，它忽视了每个学习者都是拥有各种独特举止、情感、观点和行为的个体，它漠视了个体学习的内在动能和潜能，是一种缺乏富有创造性和独特性的学习模式。换言之，对于每个独特个体而言，根本不存在任何“一刀切”的认知学习理论。

所以，让儿童的学习与自我的步调一致，而不是让其与专家“想当然”的步调保持一致，坚持这种人本主义取向的学习论，认为每个人都有自我决定、自我实现的需要和自我觉醒的可能，每个人都是具有独特情感和独特禀赋、独特观点和独有行为的个体，每个人的学习方式和心智模式都是独一无二的，才是真正学习的真相。

西方认知学习理论有很多有关学习的技巧和学习技术策略的探讨，而东方关于学习的好方法只有：抱诚守真，而非投机取巧。它应该是拥有童心般的乐趣、物我两忘时的专注、遵循自然的真实、回归婴儿的柔软、认识自我的天性……东方的这种学习理论强调学习者内在产生特定的化学效应，或者说发生像一种炼金术一样的奇迹创造。

3. 对建构主义学习观的反思

雷希特和莱斯利（Recht & Lesley，1988）有一个比较出名的实验，他们将学生分成四组：阅读能力强 / 棒球知识多；阅读能力强 / 棒球知识少；阅读能力差 / 棒球知识多；阅读能力差 / 棒球知识少，让四组学生分别来阅读一段描写棒球比赛的文章，并以多种方式进行检验。结果表明：了解棒球但阅读能力差的学生，记忆的内容比不了解棒球但阅读能力强的学生多，几乎与那些既了解棒球且阅读能力又强的学生一样多。

这个实验的结果揭示了个体通过实践行为获得的一种自我的理解能力对于他 / 她的学习是颇有助益的，这种学习把逻辑与感觉结合起来、理智与情感结合起来、概念与经验结合起来、理念与意义结合起来，是一种有意义的学习。无意义的学习，从逻辑到逻辑，从概念到概念，这种浅表的学习不能获得持久、深刻的学习体验。

建构主义学习观强调了在学习的过程中，个体所处的外部世界与其内部世界的共同作用。建构主义主要以皮亚杰、维果茨基的研究为基础。皮亚杰的个体建构主义关注人们的内在心理活动，对个体的知识、信念、自我概念或同一性感兴趣，希望了解个体如何建构、塑造，而不是填充他们的认知或情感结构。

维果茨基的社会建构主义认为，知识是在社会关系和社会交往中建构起来的。儿童与成人或与更为能干的同伴一起活动，可以为儿童提供恰当的属于自己的行为方式与思维方式，从而使儿童的知识、思想、态度与价值得以发展。

建构主义在教学方法上认为，不应该给学生基本技能训练和简单虚假的问题，应该用真实或逼真的复杂互动情境或问题向学生提出挑战。它提倡营造思考与解决问题的环境及基于问题的学习，倡导以学生的自我探索和发现作为课堂的驱动力，提倡教学中开展探究性学习、发现式学习、合作性学习和交互对话式学习等。

反思建构主义学习观的学习论，可以发现认知主义主要研究学习者的内部认知过程与结构，而建构主义不仅研究学习者的内部认知，而且认为世界并非是完全客观存在的，每个儿童对世界的理解和认识都是多元且具有差异的。也就是说，学习是没有“标准流程”的，不可一概而论的。知识是每个儿童根据自己原有的经验，通过实践活动不断生成的，它不是独立于儿童而客观存在的，是学习者以已有知识经验为基础的主动建构。建构主义还尝试把劳力和劳心、动手和动脑、逻辑与直觉、理智与情感、概念与经验、内容与意义相结合。这些尝试和努力对于探索具有个体主观能动性的主体性参与学习，从而获得持久而深刻的学习是有意义的。但是，实践中的建构主义学习方式，诸如项目学习、合作式学习、交互式学习，统统演变成了套路和形式，以建构策略来建构的虚假建构主义实践充斥于学校学习之中，这不得不说是建构主义学习理论过于强调问题形成、推理、应用技能、解决问题等策略而造成的后果。当你想要建构某种建构的建构，其实这个努力建构本身就已经成为捆绑你的枷锁。

总之，反思建构主义学习理论，其本身似乎接近完美，但在实践建构主义学习观的时候，以建构策略来建构，实际上是达不到建构的目的。我们真的要建构吗？站在建构的角度，实践建构主义学习观只能是假的建构。为什么呢，因为学生依然是被操控的。

行为主义把人仅仅当成具有刺激反应本能的动物或机器人。行为主义的学习方法较为机械和单调，它较为强调教师中心，在知识的学习上较为强调基本的概念和技能，但它忽视创新思维，局限于低层次学习，把学习看作“填鸭”的过程，把学生看作被灌输被植入的机械对象，且由于它是限于低层次目标的，因而忽视创新思维，把学生当作等待填充知识的“空容器”，而不是积极的知识建构者，忽略了个人的个体性和差异性，漠视了知识的创新性建构，对于帮助学生创造性的学习和解决复杂问题及情感成熟等方面，并没有积极作用。

认知主义学习观强调知识的内在过程，重视认知主义的信息加工方法和记忆策略。它虽然不像行为主义一样把人当成敞口的容器，但仍属于机械式的认知主义学习观。认知主义把每个个体看成基本类似的人，漠视了个体学习富有创造性和独特性的学习特色，忽视了人的个性化、人的丰富性。认知主义重视技巧，而忽视淳朴守真。学习的世界中，并没有“一刀切”的认知学习理论，认知的高度，只会成为事实上阻碍儿童成长的高度。

4. 学习之道对学校管理的启示

通过上述的分析，我们知道学习的方法乃至理论是完全没有标准答案的。学习是学自己内心渴望学的知识，是做自己觉得有价值的学习，或者从自己本不愿意做的事情中建构出于己有意义的学习。眼中只是盯着结果和好处的学习注定是没有价值的。古往今来，有多少可敬的人积年累月地一心扑在自己的工作上，对他们而言，追名逐利、聚富敛财从来不是他们前进的原动力，他们只是找到了自己愿意为之奋斗终身的热爱而毫不懈怠、乐此不疲。正所谓“眼孔浅时无大量，心田偏处有奸谋”，只有走出“威逼利诱”的牢笼，才能发现学习的真正价值和意义。这才是学习之道，也是学习成就人之道。

从总体上看，西方关于学习的方法依然是取巧，而中国传统学习侧重的是抱朴守真、回归本心、自我觉醒。这与西方寻找取巧方法完全不同。学习完全没有必要通过操纵外部事件或外部关系来改变行为，而是要自我探究和改变个体的“精神”和“内部世界”。

抱朴守真、回归本心、自我觉醒，才能让每个人在自己的真实内在中学习到他需要的东西。所谓抱朴守真、回归本心、自我觉醒也是一种顺势而为、顺其自然。老子认为“道法自然”是指天地万物和人类，按其本性都是自然而然的，并非人为的，只有当人体与自然保持和谐，才能达到人与自然合一的境界。在学习中因材施教、以学定教这些教育方法就是大道至简、道法自然的应用。由于每个人自然本性的不同，教师应根据学生的“材质”差异，“施之与其所宜”。

自我觉醒就是自省。自省可以说是智慧的根源。苏格拉底曾说：“认识你自己。”如果这个世界既主观又客观，如同一枚硬币的两面，那么一个人若能认识自己，他就了解了整个世界。而且一个人如何认识自己，就会招致别人如何对待你。一个人如何看待学习，就有与之相匹配的人来教你。当你在威逼利诱下学习，那么教你的人，就是威逼利诱的“教育者”（虽然这样的人不能被尊称为教育者）。当你遵循自己的内心而独立学习，那么你的教育者就是能够尊重个性的独立教育者。所以，学习者的客观世界很大一部分是由自己的理解和境界所组成的。理解自己的人，更容易理解他人，也因此对整个社会具有更深的洞察力。所谓将心比心、推己及人。

国外的内省法也是一种自我觉醒。构造心理学把心理学的研究对象定为直接经验，内省法便成了心理学研究的基本方法。行为主义心理学否定对意识经验的研究，把心理学定为研究行为的科学，主张用刺激－反应方法进行研究，完全否定了内省法。20 世纪 50 年代后期，随着认知心理学的兴起，意识又被带回到心理学中，自我观察法重新受到心理学家的重视，并获得了新的发展。此外，时下流行的“正念”“冥想”“静心”“禅修”等，也都是观察、了解自己的某种方式。

因此，能够让儿童获得成长和发展的学习到底应该表现在哪些方面呢？应表现在他们每个人的童心里、乐趣里，在他们的情感、意识中，在他们自我的渴望、渴求中，在他们每个人独有的天赋、本能中，在他们与生俱来的单纯、自然之中。

四、重塑学习理想主义的标杆

1. 从人的身心构造看学校里的学习管理

邬斯宾斯基（Peter D. Ouspensky，1979）在其《人可能进化的心理学》一书中指出[21]，人有四个中心，理智中心、情感中心、本能中心和运动中心。每个中心都布满了整个身体。同时，每个中心各有所谓的重心：理智中心的重心在脑部，情感中心的重心在太阳神经丛（胸部和身体中部），而运动中心和本能中心的重心在脊髓里面（背部和身体下部）。邬斯宾斯基的这个分类，让人联想到心理学界把人分为三类：认知型、感觉型、行为型。偏于认知型的人，以理智和求知作为主要动力源；偏于感觉型的人，以情绪和感受作为主要动力源；而偏于行动型的人，以行动和实践作为主要动力源。认知型的人如果发展正确，就会找到人类的“善”，感觉型的人如果发展正确，就会找到人类的“美”，行动型的人如果发展正确，就会找到人类的“真”。了解自己就是了解自己的本质，了解自己这部机器的构造、各个组成部分及其机能，以及影响这些机能运作的条件。通过了解自己，更好地走向自我成长和自我蜕变。

邬斯宾斯基还认为，四大中心拥有截然不同的能力及速度。理智中心包括认知、意象与概念的形成、推理、比较、肯定和否定、语言的形成等。情感中心包括感受、情绪和情感。本能中心包括机体的所有内在活动，视觉、听觉、嗅觉、味觉、触觉、所有的反射等。运动中心包括所有的外在活动。各个中心各有其不同的速度。运动和本能中心的工作速度比理智中心快三万倍；而情感中心在工作时，速度要比运动和本能中心的工作速度快三万倍。速度最慢的是理智中心，其次是运动和本能中心，速度最快的是情感中心。但情感中心在“清醒的沉睡”状态下，运作速度很少能到达它的真正速度，它通常是以本能及运动中心的速度来运作的。这也提示我们学习的三个境界：知者、好者、乐者。知之者不如好之者，好之者不如乐之者。就是“知者”在理智中心，“好者”在运动及本能中心，而“乐者”在情感中心的意思。四大中心可能的作用机制是：当动作变成习惯，不断调整成自动化反应，人会很轻松，动作已经由理智交由运动中心接管。

总之，在我们的身体里究竟住着一个怎样的自己，而我们与它的关系究竟应该是怎样的，这些问题是每个人应该深入思考的。教育要引导人们向内探视，从内在的生命中发现无限的意义。如果人们根本不了解自己生命的无限意义，无法真正认识自我，那么仅有的外在物质所带来有限的意义根本不可能给人带来平静和幸福。

2.《学习之道》一书对学习管理的启示

或许有人认为东方学习之道偏于理想主义和超现实主义。有一本名为《学习之道》的书，它正是践行了东方学习之道的佳例，虽然这本书的作者和学习之道的践行者是位西方人，但他完美呈现了一个西方人在东方学习之道上的圆满阐释和实际践行。

《学习之道》的作者乔希・维茨金不仅是一名国际象棋世界冠军，还是一名太极推手世界冠军。不管是头脑的运作，还是身体的运作，作者都怀着一种发自肺腑的热爱，达到了身心合一的境界。乔希之所以能在看似南辕北辙的两个领域里登峰造极，凭借的不只是对自己天赋的了解，更是因为他深谙学习之道，对学习的艺术融会贯通、收放自如。

作者用自己的真实经历告诉我们：学习之道是什么？学习之道是一个自我成长的心路历程。这个心路历程展示了一种充满了人性、感性、温情的光辉和直面自己内心的真诚的生活艺术。

（1）心怀热爱，无欲无贪

乔希从八岁起就是美国最高级别的国际象棋棋手，他是名人，拥有众多的粉丝，但他发现虚无缥缈的名气与生活质量毫无关系。在《道德经》的感染下，他开始了解道教、佛教经典。后来在朋友推荐下，开始跟随陈威廉大师学习太极拳，并在后来获得世界太极推手冠军。他意识到太极和象棋学习的经历，本质上是一致的，他说：自己所擅长的，不是象棋也不是太极，而是学习的艺术[22]。他在哥伦比亚大学学习哲学，对自己的学习方法进行系统的内省，并归纳出很多独特的诸如“软区域”“划小圈”等学习方法。

《学习之道》一书中处处可见学习之道。他年幼时一次偶然在公园下棋的经历，使他发现了自己在象棋上的天赋，对于象棋这一爱好，并非他刻意制造和培养的。乔希早期的象棋教练布鲁斯，更是一个懂得引导儿童天性的老师，他跟乔希建立友谊，授课方式是以探讨为主，而非教导，更重要的一点是，他始终呵护乔希对象棋的热爱，从不伤害他的热情。而我们很多的学校教育方式让学习者成了“学习机器”，修炼其技艺，却压抑了其激情，这其中的差别耐人寻味。

乔希的父母，对他下象棋、参加比赛永远都有一个共识：学习与激情排第一位，竞争放在第二位。无论竞争结果如何，父母依然爱他不变。文中提到，“妈妈是我所认识的最伟大的人。她是那么睿智、富有爱心与激情，她独到的见解直至今日仍让我受益匪浅。她安静却强大无比，总是无底限地支持我，一心放在我身上，她一直鼓励我要随心而动，即使方向偏了或者追求的目标有点古怪。爸爸的性格则完全不同。他非常忠诚，感情丰富，有点古怪，是位很慈爱、有责任感的父亲，从我出世的那一天起，我们就一直是最要好的朋友。赢得大的赛事后，一切都那么美好，天也是格外的蓝；而输掉比赛时，一切就变了样，连梦想都那么荒诞不经。我很清楚，在下棋时，爸爸的心始终和我在一起，但我也知道，不管结果如何他都依然爱我。”尤其是在乔希因参赛失败、心灰意冷之后，他的父母毫无指责或教导，而是带他去海边放松，度假、钓鱼，让他重拾对生活的热爱，不畏惧失败，从而继续长期的学习和自我探索。所以，乔希成功的内驱力完全都源于他自己的内心，来自他自己的热爱和热情，以及他自由的选择和自我决定权，而不是把学习动力寄托在输赢、荣辱等外在的欲望上。这就是所谓获得了虚静的心境吧。

（2）自省内观，个性表达

一次，乔希在印度参加比赛，正面对着艰难的棋局时，外面竟发生了一场小型地震，这个意外的插曲却激发作者离开紧张对抗的“硬区域”，进入接纳、理解、平和的“软区域”，并逐渐转化成一种内在的应对外部压力的机制，从而下了一步好棋，并赢得了比赛。乔希在比赛中经历过很多类似的突发事件，诸如比赛中受伤、对手采用新奇的战术甚至犯规、新的比赛规则、裁判的不公等，这些可能影响心情的、预料之外的事情，他都能将之化解。活在当时当下，不把自己留在过去，不让自己在漩涡效应或连锁效应中恶性循环。这些经验，不是他追逐高超技艺的手段，而是对自我的挑战和探索。人与人之间是不同的，就像这个世界上没有完全相同的两片树叶，所以没有统一适用的原则，需要通过内省，建立适合自己的方法，只有当我们的学习成为自身的一种表达方式的时候，它才能成为一门真正的艺术。

乔希也曾经历过一位大师对他“模式化”的训练，但这使得他对国际象棋有了一份疏离感，失去了作为棋手的重心，他不再是自己，不再是那个率性的、朝气蓬勃的、有创造力的理想主义者，而是在扮演别的大师。他意识到，这是因为他对自己内心缺乏了解，而背离了自己的本质。最终，他学会了接受外来助力的同时，绝不放弃内在的天性，他重新找回了自我，从技术大师转变成了一个有自我风格的艺术家。这就是所谓自省、内省，得到了本明的智慧吧。

（3）抱诚守真大道至简

22 岁的乔希在朋友的推荐下，来到陈威廉的太极拳馆学习，并很快为这门东方武术所吸引。在此之前，乔希从未发现自己的肩背肌肉是如此僵硬。在冥想练习中，他开始有意识地释放自己某个部位的紧张感。太极讲求摧僵化柔，让人回归到婴儿时那种毫无紧张感的柔软状态，亦即最自然的天生状态。

一次，乔希在太极推手比赛中右手骨折，却进入了极其冷静的静心状态，最终用左手赢得了比赛。这与在印度国际象棋比赛中的地震经历很相似。乔希还讲到，在普通人眼中看起来快如子弹的拳头，在习武者眼中却并非如此。这是因为习武者眼里的时间变慢了。乔希认为，静心才能观察到细微之处，达到万物合一。高度集中自己的注意力虽然可以在短期获得成功，但是这种状态无法长久持续下去。所以不是训练自己如何长期地高度专注，而是训练自己更好、更快地放松身心、释放压力。这就是所谓抱诚守真，大道至简吧。

五、对当前学校学习现实的再反思

1. 学习是由复杂迈向单纯

《道德经》第四十三章讲：天下之至柔，驰骋天下之至坚。无有入无间，吾是以知无为之有益。不言之教，无为之益，天下希及之。

学习是由无尽的复杂迈向大道至简的单纯。学习需要内心的全心全意，而全心全意需要彻底的专注，而彻底的专注来自彻底的宁静和因宁静集聚而来的能量。作为教育领导者，不要整天琢磨如何去“搞事情”“搞活动”，而应该想办法给一些不必要的活动做做减法，让教师和学生的心得以安静下来。

领导们不要整天去设计各种目标管理，充塞师生的心。而应该是去目标、去理想、去愿景、去欲望、去琐碎、去狭隘、去功利、去私心，让师生不必朝着领导设定的某个特定的方向去奔波、去耗费自己的精气神，让师生的心“空”下来，心有了更多的空间，才能体验到年轻、鲜活、纯真、充满活力和快乐的感受，在这样的状态下，我们的心自然知道如何汇聚能量去学习。我们每个人都经历过快乐的童年，童年时的快乐跟金钱、权力、荣誉、奖励毫无关系，它或许就是一次捉蝴蝶时的感受，或许是拿到一个玩具时的忘我投入，或许只是小朋友之间的简单游戏时光。这种跟世界一体、跟他人一体的专注感受，是最好的学习体验。被社会化之后的我们，则失去了这样的纯真和童心。无论是“头悬梁锥刺股”有意志力的学习，还是臣服于某种“仁义礼智信”的学习，都没有了任何神圣和美好的感觉。

克里希那穆提在其《一生的学习》一书的开篇就指出：“传统的教育，使独立思考变得极端困难[23]。附和随从导致了平庸。如果我们崇尚成功，就要异于众人或是反抗环境，这并非易事，而且可能是危险的。想要成功的动力——就是追求物质或所谓精神上的报偿、寻求内在或外在的安全感、寻求享乐的欲望——这整个过程都会阻碍了对社会固有观念、传统机制的‘不满之情’，遏制了自发创造，滋生了恐惧。而恐惧，则阻碍了我们对生活加以明智的了解。随着年龄的增加，心灵便冷漠迟滞了”。真正的学习不是堵塞人的心智，而是开蒙启智，不是问一个孩子你从别人那里学到了什么，而是问他对别人提出了什么问题。学习使人有了质疑精神和批判的眼光、学习使人洞察自己和客观世界、学习使人充满了探索的快乐和兴趣。

我们的应试教育历来把“鲤鱼跳龙门、学而优则仕”作为学习成功的典范。这种由无意识的价值观左右下的学习并不是真正身心合一的学习，而是一种焦虑、一种担心、一种恐惧。考试的成功等同于功名利禄，学习就是为了获得好处，这些观念让我们无法“静能生慧”，只能在竞争激烈残酷的悲惨理由下，紧赶慢赶地被“胡萝卜和大棒”的外在刺激激励着，被幻想和虚荣蒙蔽着，披着虚假的外衣、抱着不真实的想法，怀着偷心去急于求成、投机取巧、急功近利，满世界寻找捷径。这样的心态，无论如何都是不能沉下心来挖掘出自己的创造力的，更不能心无旁骛地做好一件事情，也是无论如何也找不到持续的内驱力的。也就是说，我们真正想要探讨的是，学习是不是在心彻底安静下来时的活动？静能生慧，安静的心才能聚集起无比巨大的能量，这个能量不会被内部损耗，不会被压抑、抗拒和产生对立感，不会被外在的竞争所累，除去了这些种种不必要的负担，我们才能真正拥有那些自身需要学习、需要掌控驾驭的技术能力。

这正如克里希那穆提所说，我们必须由无尽的复杂迈向单纯，我们必须在内心的生活和外在的需求中变得单纯[24]。不要仅仅以事实和技术上的知识填塞我们的内心。我们不但要打消学生追求权力与控制力的念头，还应该提倡正确的自我观察，以及把生活当作一个整体加以体验，让学生成为一个完整的人。

2. 学习是归于内而非归于外

学习要顺应自身的天性、才能和天赋，把自己的能量充分运用到自己最适合的事情上。作为教育者和教育领导者，我们要会识人，能够根据客观现实行事并因材施教。我们每个人都是这世间独一无二的存在，找到自己、发现自己、成为自己，是我们每个人活着的根本目的。教育者和教育领导者要在这一点上起到帮助和支持的作用。

克里希那穆提在《一生的学习》一书中指出，“教育的真正意义是自我了解[25]。正确的教育，意指唤醒智慧，培育一种完整喜乐的生活”“无知的人并不是没有学问的人，而是不明了自己的人。了解是由自我认识而来，而自我认识，乃是一个人明白他自己的整个心理过程”。如果我们每天都在参考别人的做法、说法，而不好好地内观自己，外求得来的经验文化不过是昙花一现。因此，教育的真正意义是自我了解。

“如果人只是机械体、自动机器，那么未来便可以预知，我们便能够仔细设计一个未来的社会。然而，人并非机器，无法按照某种固定的模型加以设计”“我们是何许人，竟能决定他人应该如何，我们有何权利，能够决定将人按照某种特定模式——这个特定模式乃是从某本书上学来，或是受我们自己的野心、希望和恐惧所规限——而加以塑造”“一旦教育以呆板的原则为基础，它足以制造出有效率的男男女女，却无法培育出有创造力的人”。[26]

反思当前的学校学习，被各种框架和限制所包围，在这样的工作背景下，领导者越是负责，我们反而越是偏离人性。因为他们的负责，或是将儿童分门别类，比较他们之间的差异，由此产生了对立；或将构想的理论和学说强加给儿童，由此产生了盲从；或用应该如何的假想和信仰造就这样那样的人，由此产生了冲突；或将训练及贿赂、惩罚用在了活生生的人身上，由此产生了逃避；或将顺从和适应这个社会的既存规则生硬地嵌入儿童的心灵，由此产生了痛苦；或将沉重的生活背负于儿童的精神之上，由此产生了麻木；或将无情的纪律压制于儿童的行为之上，由此产生了暴力；或用漠视和权威助长错误的利益关系，由此产生了残酷。在这样的教育方式下，被灌输了如此多的恐惧、教条、猜忌、对立和模仿的人们，也就很难从这种种桎梏和障碍中逃离出来，很难唤醒自身的智慧去自由地质询和探究既存的社会价值、传统、信仰、观念的真伪，很难去明智地觉察到自我和自由存在的自己，更妄说找到专属于自己的成长道路了。

那么再进一步反思，为何我们的教师、教师中的教师（所谓的骨干名师）、教育行政领导者总是愿意把别人纳入各种框架和限制之中？为何他们越是负责，就越是偏离人性和远离教育的本质？因为毫无觉知的行为都是建立在“自我”主观臆想之上的，自我的主观臆想保持着主观的假设，并且把这些假设变成自身的一部分信念和态度，并因此倾向于按照自己的假设和信念来行事，这样的自我中心、自负和自以为是使之很难看到别人的真相，很难观察到客观真相，并且很难与人建构正确的交往关系。因为他们的假设和臆想来自他们原有的经验和教训，他们以自我为中心的意识，只能给别人带来偏差、管控、控制、强加、逃避、防卫和冲突。

所以，“人格研究第一人”的哈佛大学教授G·W·欧尔波特，运用现象学中的观察法研究人格的成熟度，在他的《人格形态与成长》中提出了成熟人格的六要素作为“人格成熟的基准”：①自我意识（自我感觉）的扩大；②和他人密切联系，能建立亲密感及同感；③情绪安定，自我包容；④具有对现实的知觉、技能；⑤自视客观：洞察和幽默；⑥统一的人生哲学[27]。

第一条，自我意识的扩大即自我不局限在狭小的区域内，一般俗称为“格局”和“视野”。第二条紧接着第一条，由于自我意识扩大，因此能够和他人建立密切的联系，并有同理心、移情心。第三条，由于可以时时反省自己，能观察到自己的自我情绪，并接受自己、包容自己，进而能够愉快地生活，坦然地面对自己。第四条，具备对现实问题的认知和技能，即成熟人格的人不仅具有对社会现实的知觉能力，还能够超越现实的制约。并且还具有社会生存的技能，能够正确解决现实问题。第五条，能够洞察自己，对自己有真正的了解，还能保持幽默感。能够保持某种距离观察、凝视自己，能够看到理想的自己和实际自己的对照，能够看到自己的起起落落、成功失败，并坦然接受。第六条，统一的人生哲学，即不是四分五裂的人格取向，而是言行合一，保持内心真正的有序。

可见，学校里面的教与学不应该只是让学生深谙专业知识或是去死守抽象的理论，而是应帮助他们了解自己，引导他们成为心智成熟的人，完全自觉的人。这样完整、自觉、成熟的人才具有创造力，一种具有爱与自由品质的创造力。换言之，学习领导者的本质是激发人格的成熟，而激发人格成熟的学习领导者，本身应该是人格成熟的人。

从学习者自身出发，自主学习才是真正的会学习。“学会学习”是联合国教科文组织总结提炼的四大教育支柱之一。陶行知也说过“教是为了不教”。不过，学习的积极性与工作的积极性一样，都是来自个人的内在，不可以被外在反复操控干预。现实中，很多课堂常常是教师讲授的天地，自习又常常是作业的海洋。一旦教师和作业成为学生学习的主宰，学生的自主学习也就无所适从、无能为力，学会如何学习就被忽视了，在自主学习中达到知之、好之、乐之，更是一种无法企及的境界。还有些家长，将自己的生活焦虑或者自己一生的缺憾强加给自己的孩子，强迫孩子学习，这种被强迫状态下成长的孩子很难保持自我的学习积极性。学习是一个慢过程，没有一蹴而就，更没有一劳永逸，所以学习过程不可能是完美的。抱着完美主义的心态去要求学习结果的人，也很难保持自我的学习积极性。我们既要接受和承认不完美，也要看到自己的闪光点，保持一颗平常心，从而在不擅长的领域也能保持学习的积极性，等到与自己擅长的领域相遇时，才能使受到呵护的学习积极性得到释放。

真正的自主学习是内在的、自我激发的、自我了解下的学习。一个人自主决定自己是否学习、学习的内容、学习的方法、学习的时间、学习的环境、学习的伙伴、学习的节奏，而不是被布置的作业和任务所填充，更不是按照教师所教的学习程序和步骤去学习。

然而这种正确的自主学习需要学校及教师的引导和放权，走出“忙”“盲”“茫”的误区。留下时间和空间给学习者，学习者才能在自我摸索中找到自我体验、自我意识、自我调节、自我完善的属于自己的路。教师和教学资源应该是学习者求助的对象和助手，而非手把手教他学习的导师或主导程序。

3. 学习不能卷进无情竞争与互相毁灭的大机器里

在这个急躁的时代，我们的价值观、生活方式、生活目的、我们对生活道路的选择，都被一种固有的、大众统一化的力量所操纵和裹挟。适者生存，物竞天择。在这种力量下，人们追求内容相似，追求行为雷同，快捷化、浅薄化、商品化接管了一切，并扭曲了人的价值观。要想重拾我们每个人独有的个性，就要把自己当作人、把别人当作人来看待，把一切工作或者任务的出发点及落脚点都回归到人身上，才可能获得人精神上的重塑。

“蓬生麻中，不扶自直。白沙在涅，与之俱黑”，学校置身惨烈竞争的社会大环境之中，学校的学习以发展效率、倡导竞争作为主要目标和手段，学生从进入学校开始，便陷入这个无情竞争与互相毁灭的大机器中。但是沉沦在这个问题中的学校学习是失败的。学校是兼容并蓄、百花齐放的地方，如果用单一评价标准衡量每一个人就会导致人的异化。外部的统一标准越严苛，人们的价值取向越高度趋同，竞争越为惨烈，人们也就学得越苦、活得越苦。大家埋头学习不过是因为都相信“考不上好中学，就上不了好大学；上不了好大学，就找不到好工作；找不到好工作，这一辈子就完了”这一愚蠢逻辑。而所谓的好工作是什么样，好工作就是出人头地，就是拥有金钱、地位、各种人脉关系，满足对金钱、名誉、权力的欲望。既然大家的“追求”相似，那么，就只能在你追我赶、你拼我杀中度过美好的生命时光了。本来职业并没有高低贵贱之分，一切服务于人民，对社会有所贡献的职业都是好职业，都应该得到尊重。但在这样竞争性极强、排他性极强的时代里，只能培育出尊卑有别、钱权至上的偏颇职业观。也正因为如此，一个人在竞争性强的社会里很难保有自尊，因为他看不起没名利小的“卑微”工作的同时，也在看不起自己。卑微感和自大感是并存的，在与自己“低级”的人相较得来的所谓的自大，和与自己

“高级”的人相较得来的自卑相等同。还有校园霸凌事件，有些就是由学习竞争所直接导致的。

还有些学生，从小就因被规训、惩戒而失去了人性。延伸想想，强国对弱国的强权政治，还有强者对弱者的战争和暴力，以及很多残忍、血腥的事件……如果我们只是看到成绩，看到政绩，看到物质，看到欲望，看到成功，那么就容易产生暴力和霸权主义。这样的教育距离人文主义、培养具有智慧和爱的人还有很远很远。因为在竞争的环境中，人的内心很容易被巨大的焦虑、无助、沮丧、忧郁和无意义感所充斥。难道我们希望自己和子孙在这样的竞争暴力的社会中历经更多的惊吓、更多的灾难吗？！我们不难想象，儿童在具有侵略性和竞争性的学习中渡过十几甚至二十几年，之后成人，进入真实的社会后，要么去“治人”，要么就是受治于人。而且治人者（征服者）将继续忙于征服他人和进行自我防御，这样的人生状态持续下去，“必会给我们自己以及世界带来混乱与不幸，使得他与别人分离”。这样的“人才”永远无法为这个世界带来秩序与和平，只会祸延自己乃至祸延子孙。

当然，这不仅是学校学习的问题，社会大环境也是问题的根源所在，比如“学历至上”的用人风气；城乡资源之间、城市资源之间、职业之间分配的不平衡……但不可否认的是，教育界把中高考作为一切教育教学的指挥棒，教学班额过大、教师绩效考核、行政任务过多、工作量大等社会现实，使教师无暇顾及每位学生的个性化学习和自主学习。教育界本身从理论到实践、从理念到行动，急需一个自省和觉醒的学习过程。

4. 学习关系是一种基于爱和尊重的诚实关系

回到学校学习中最重要的因素——教师身上，为师之道，不能对学生蔑视和打击，也不能一味地附和、赞同学生。前者是教师对学生的控制和奴役，后者则是一种极其不诚实的师生关系。

乔希·维茨金曾指出，他的老师布鲁斯的教育理念非常契合他的性格。“他并没有把自己当成博学之人，更多的是把自己当成是我成长过程中的向导，而非权威。如果我与他意见不一致的话，我们就会面对面进行探讨，而不是单方面的训话”。对比当前的学校教育，尽管现在对学生在语言和行为上的轻蔑和惩罚已经有所减少，但教师在教学过程中，往往采用“一言堂”的方式，用权威来控制和奴役学生的自由精神。

另有一类学习关系则进入一种奇怪的模式，那就是教师不敢批评学生，不敢对学生说实话，只能是用含糊其词和肤浅的表扬来敷衍学生，美其名曰：平等、尊重和民主。但这其实是一种不诚实的师生关系，是一种没有热度的关系，表面和谐而内在缺爱，教师既没有闪烁着专业智慧的权威，又不能与学生碰撞出信任的火花，学生还怎么爱学习、怎么拥有学习的能力呢？古人言：亲其师，信其道。基于尊重和爱的师生关系对于学生的学习是至关重要的。

师生之间如此，家长与孩子之间也应该有基于爱和尊重的诚实关系。有一位学生是这样回忆她小时候印象极为深刻的一段学习经历：“小时候上芭蕾兴趣班，上了几节课后，我就被调到了队列的最边上，并被贴上‘胖天鹅’‘韧带最差’等不友好的标签。中途有段时间，我是打死都不想去上芭蕾课的。但是后来，我还是完成了三年芭蕾兴趣班的课程。我觉得，这全都要归功于我的奶奶。我把在芭蕾课上老师和同学们给我取的外号讲给奶奶听，把被编到队列最边上的遭遇向奶奶吐槽。奶奶虽然文化不多，但是她对我说了一段让我永生难忘的话：‘你是这个世界上独一无二的宝贝，只要是你热爱的事物，没有人可以对其指手画脚。虽然你站到了最边上，但那刚好方便我每节课都通过玻璃窗做你最忠实的观众，’于是，每周六下午一个半小时的舞蹈时光，总是有一双最温暖的目光守候在窗前，并且我还知道，这目光不为别人，只为我而来。奶奶给予我炙热的感情和温柔的支持，这些感情和支持最后都化作了满满的安全感，成为我童年的底色。虽然我的奶奶文化程度不高，也不是什么教育家，但是我觉得，她在保护我学习积极性这件事情上充满了智慧。奶奶并没有在我抱怨芭蕾班受到不友好待遇之后，用力过猛地鼓励我，给我一些不切实际的赞美，更没有气急败坏地去找老师理论或者去教训我的同学。如果孩子对学习的积极性需要用这样虚伪的鼓励去堆砌的话，我相信这种力量是不坚固的。一旦脱离吹捧的环境，孩子的积极性就会像泄了气的皮球。奶奶给予我的支持和爱，使我即便在以后的人生中，多次成为那个被漂亮天鹅包围的‘与众不同的胖天鹅’，也依然愿意去迎接挑战。”

现在的时代，追求结果不要过程。快，所以急躁，所以不诚实、不踏实。万事万物再快也要有个过程。种子从发芽到长成参天大树需要几十年、上百年乃至上千年的时间和功力，更何况培养一个人。所谓“十年树木，百年树人”，就是道家所讲的“道法自然”。万事万物都有其规律，只有遵循规律，结果才能自然而然地呈现。愿我们的学习也能慢慢生根发芽，慢慢春华秋实！

最后，学校里的学习只是学习的一种方式，学习不是跟随，不是被培养，学习只是我们的一种生活方式，是我们生命的一部分。在学习的世界里，万事万物都是我们可以学习的老师。

第四章

无我无为领导之道与学校领导管理

天下之至柔，驰骋天下之至坚。

无有入无间，吾是以知无为之有益。

不言之教，无为之益，天下希及之。

——《道德经》第四十三章

从学校的组织架构来看，学校的领导有校长、书记、副校长、中层、年级组长、学科组长、备课组组长、班主任等。校长、书记可以称之为高层领导者，中层管理者可以称之为中层领导者，年级组长、学科组长、备课组组长等可以称为团队领导者，班主任可以称之为基层领导者。不过，学校领导并不是以一个官衔、一纸委任书或者一个办公室位置来界定的，而是由其带来的领导力和影响力来决定的。学校教育涉及人的一生和未来，因此无论是校长、书记、中层领导、班主任乃至一线教师，其实都发挥着领导力和影响力的作用，他们工作所涉及的范围都非常深广。①全体教员：各种职称职级的教师、临聘人员等，他们都传递着本机构的教育服务；②其他各层级管理者：向校长报告工作的中高层管理人员，具有不同的职能，或者负责不同的项目，如书记、副校长、教学主任、德育主任、团委等；③行政职员和教员：除一线教师之外，所有其他根据工作职务领取薪水的人员，包括秘书、保安、宿管、食堂管、其他员工等，他们的工作都间接影响到教育的未来，影响着学生一生的成长，及家长的教育决策和家庭决策，学校教育也直接、间接影响着社会公众的生活，包括他们的消费行为和投资行为。不说学校的一校之长，单单是班主任，作为基层领导，其影响的覆盖面也是非常广泛的，涉及一个班级的班风、学风的领导管理，学生及其家长的沟通，学生的成长、成才，甚至学生的隔辈家庭、原生家庭的健康及未来发展，乃至民族和国家的未来。

这并不是危言耸听。我们可以设想一下，假如在学生家庭中，有一些家长整天揣摩班主任的意图，用各种荒唐的方式、方法去投其所好，或者当手中拥有“领导权力”的班主任，用手中的公共资源去赏赐那些来自有眼力见儿并能够投其所好的家庭的孩子的时候，这些班主任在这个社会圈中扮演的是教育者的角色吗？来自会趋炎附势的家庭的孩子们得到了“好处”，成了“受益者”，他们的受益会给他们的同学乃至这个社会带来什么样的效应？学生之间的相处关系会是单纯的吗？他们之间还是平等友爱的受教育者吗？而且，久而久之，这种世俗化、市侩化的不正之风败坏了纯真的童心，未来社会的市侩、庸俗便会大行其道，最终给民心和社会风气埋下祸根，比如出现贪官污吏收受贿赂、祸国殃民、假公济私的群体行为……这样假设下来，我们还会认为学校领导就只是一校之长吗？

真正持有领导之道的领导，应该是无我无为的。因为领导“无我”，所以不会过于相信自己的想法，更不会让自己和他人牺牲在自己的“信念”之下，更不会以自我来操纵和控制他人。深谙领导常识的领导也是无为的，因为领导“无为”，事前不需预计不需计划，但并不是无缘无故地做事，而是按照人和事物自身的规律、按照做人的常识、顺应规律、顺应天理去做事，由于意识清静、虚无而不固执，因此任何事情都能反应恰当，任何事情都能符合“自然”，因为自然所以无为，因为无为而无不为。

一、好的教育领导：心中只有教育之美而无教育之利

当今一些学校的教育目的已被庸俗化，一些领导为了让所谓的“政绩”好看，为了得到上级给予的“好处”，经常使得师生疲于奔命，

热衷于表演和走秀，追求高应试成绩和高升学率。正因为有这样一批浮躁的领导带头这样做，并因此得到了“好处”，就推动一大波人跟着这样的流行风潮盲从效仿。面对这样的“流行”风潮，一位好校长要有正确的教育领导观，能坚持不盲从，能放弃虚名浊利，敢于不让师生被折腾，能尽力保持学校和课堂的清静。

1. 好的教育领导要有自身修养

吴非老师指出一个目前在基础教育阶段公办学校中可常常见到的疯狂事例：“学校每月一次大型活动，每周一次小型活动，各路记者进进出出，络绎不绝。教育在各层官员们的政绩化动机的驱使下，借助各类活动而变得功利化、虚假化。那么，为什么有那么多管理干部热衷制造特色，编出各种排比句顺口溜？为什么有那么多老师热衷上表演课，追逐赛课？中小学怎么会有那么多课题？为什么教育行政部门总是希望学校多挂标语横幅，‘把气氛搞得浓浓的’？为什么有那么多检查、评比？为什么许多学校特别重视与媒体搞好关系？因为非喧嚣则难以出名，不折腾则无以获利。”[28]

吴非老师还指出：“当今教育界种种所谓荣誉称号，早已泛滥成灾。一些人更以此牟取利益，把教育界弄成了名利场，致使更多的人趋之若鹜，不达目的誓不罢休。一些教师因为‘评特’导致心理扭曲。有个校长为了得到一个荣誉称号，动用了不少‘学校资源’，也花了一些公款，被否决后他哭了，说：‘不是我要这个荣誉，我是代表学校来申请这个荣誉的，这是对我们工作的肯定……’先是‘请求’，然后是‘恳求’，接着‘哭求’，他就差跪求了。一位主管部门的领导对此报以鄙夷的神色。当然，根据官场的潜规则，他终于得到了那个‘代表学校荣誉的’个人称号，可是他付出了多大的代价啊！作为一名有正常情感的教师，你愿意抛弃个人尊严吗？你羡慕他的那种‘荣誉’吗？”[29]

看到如此荣誉等身，但内心猥琐、市侩的学校领导们的表现，我们很难从中看到教育的领导力和作为教育领导的威信和尊严。如果学校领导如此庸俗市侩，那将极大损害我们国家的教育大业，更会对学生的一生造成巨大而且可怕的负面影响，甚至可以说，给学生一生涂上了浓重的黑暗底色。

教育不是快出成果、快出人才的领域，也不是强调特色、强调竞争的领域。好校长要德才兼备，好校长要守住本分、守住教育常识，不让庸俗的名利观玷污职业荣誉，不让浮躁的风潮影响安静的学校，不让目光短浅的行为影响辽阔的心境。确有这样有高尚精神追求和浩然正气的学校和领导。“例行的检查验收，由‘班子’接待应付，尽量不劳烦教师，让他们安心教学；某项节外生枝的检查或评比落后，被上级批评，校长恬然自安，不以为耻，因为学校不愿为了一纸表扬逼迫老师学生参与形式主义的折腾。这里的老师说，‘没什么人来听课参观，领导不常来，评比没份，学生没吃太多的苦，蛮好的。’在这样的学校，校园整洁，没什么标语横幅，会议室布置简朴，没什么奖牌奖杯，学生举止礼貌，老师态度温和。学校安静了，教师的心平静了，课堂正常了，学生的学习开始了，教师的职业素养也会提高。”[30]

2. 好的教育领导要有好的任命体制

当然，好的教育领导不仅需要自身的修养和浩然正气，也需要好的体制、好的社会风气来辅助。对一所学校而言，校长的工作使命是对学生的美好明天负责，培养立德树人的教师，使得学生能够成人、成才，学生才能够为国家的美好明天负责。为了实现这个教育使命，必须要有好的任命体制。现实中，校长只肯对任命他的部门和领导负责，校长也和地方干部一样跑官、要官，跑到了官、要到了官，校长就带着整个学校成为上司的随从和幕僚，一切行动根据上司的意愿和命令来行事。

所以说，校长的任命其实应该由学生、教师、教育专家团队、家长代表、社区民众组成的团队来进行考核。如果校长职位的任命及升降不跟上述利益相关群体挂钩，单单跟上一级政府部门和官员有关系的话，那校长在意的就只是这个任命部门的领导所部署的任务及对他的评价，而毫不在意学生、教师、民众、家长、社会公众等群体的意见和感受。这样的上下级任命体系不能保证校长对他的学生及教师的发展负责、对家长们的评价负责、对学校的教育教学负责，更不能保证校长担当起其所应承担的教育使命，对国家的未来负起责任。因此，校长的任命不能只由上一级主管部门决定，更不能只由上一级主管部门内的某个领导来决定。

3. 好的教育领导要有好的行政管理体制

不仅是好的任命体制，好的行政管理体制也要帮助教育领导者安心从事教育的正业。然而现实中很多校长都说自己的工作只是“打杂”，而且是很繁忙的“打杂”。与某地来京培训的约百位校长座谈，了解到他们的工作有五大忙，这五大忙占据了校长大部分的工作时间，从占用时间由多到少排序的话，第一，参加上级部门要求“一把手”必须参加的各类会议；第二，迎接上级各种检查；第三，协调各种关系；第四，处理学校各种日常事务；第五，申报各种项目以筹集经费。这些校长们说，参加上级会议一星期至少三四场，除了上级要求的会议，还有校内一周 N 次的会议，包括常规的教师培训、教研、校内事务会议等。迎接各类上级检查评估，一星期至少一两次。申报各类项目，因为各类花销都需要以各种名目来申请经费支持，如何搞到钱，成为了校长的工作中心。还有协调各种关系，一周也至少一两次，与社区、共建单位、分校的关系需要协调，因为校务公开，所以家长找、社区找，也都需要接待。还有财务开支报账审核也很繁琐。有些会议下达的工作也匪夷所思，比如校长去开了一个有关食品安全监督的会议，会议要求校长带着领导班子去学校周边200米范围内的超市和小商店去检查所售食品的安全性。

在这五大忙中，很少有深入教育教学一线，向学生授课的时间，很少有跟教师一起备课、一起教研、一起研究教育教学的时间。有些地方的校长所谓的“深入一线”，也只是去听评教师的课，但听评别人N节课，倒不如自己上一节课。而且，有些地方的校长即使还在坚持上课（一周六节左右），也大多是诸如科学、品德等副科的课程，跟校长自己所拥有的各种专业学科的头衔完全不搭边（很多校长都是数学、语文、英语等主要学科的高级职称，甚至是特级教师职称）。可以想象，如果校长们忙于各类参观、验收、视察、评比、观摩学习等活动之中，那么他们的专业技能和修养该如何保持？校长不跟师生有密切的接触，怎样才能作出符合学校师生实际情况的决策和制度？如果校长自己不上专业领域的课，不向学生授课，不备课，这如何作出符合教学实际的相关评价和决策？

上行下效，校长忙于行政部门部署的任务的同时，教师们也忙得团团转。被访教师如是说，“我们就是跟风忙，应声虫。校长带着我们搞一波教师专业发展共同体，搞一阵子特色学校创建，做一波课题研究，弄过一场校园吉尼斯，还有生态教育、家长学校、社团组织，一阵子发展性评价，还有什么校本课程开发、书香校园创建、课程领导力项目……可以说是一路飞奔，一无所获，闲不下来，静不下来。”做这些任务，就得有相应的档案资料需要收集整理，还有“小手拉大手”“小卫士”“小交警”“小环保员”等各种活动及资料整理，这些冗余工作充斥在教育工作之中，极大地挤占了教师的时间，让他们产生抵触和厌倦情绪。

总之，不好的行政管理体制繁琐繁杂，有太多临时性、应急性、任务性的工作；不好的行政管理体制会让上面安排的各种任务都“沉淀”到学校，让学校整天忙碌于上级分派的“绩效任务”“面子工程”上。

有校长说，“我们就是服从再服从，任务完成得好是应该的，完成得不好就是没有领会领导的意思，就等着背黑锅。”由于受访校长做了太多繁琐复杂的行政管理工作，所以他觉得自己的工作相较于业务而言，没有太多专业性。如果把校长角色分成行政事务领导者、教学领导者、战略领导者这三类，绝大多数校长坦言自己只是行政事务领导者，极少数校长认为自己是教学领导者，鲜有人认可自己是战略领导者。

而好的行政管理体制应该围绕学校教育的初心捋清思路，合理安排工作，把必要工作固定下来完善并形成流程，并尽量减少工作程序和环节，同时精简行政事务性工作，不让学校忙于行政事务性工作。同时为学校提供好服务，为整个学校完成教育使命提供各种资源支持和后勤保障，使学校静下来完成教育使命，校长静下来做教学引领，老师静下来教书，学生静下来学习。

4. 培养好的教育领导要有好的社会风气

除了好的任命体制、行政管理体制之外，好的社会风气也是需要的，好的社会风气能有助于教育领导保持高尚淳朴的职业尊严。然而一些有名气的学校领导由于握有招生的权力，而无法摆脱社会关系这张大网，各种“拉关系”“走后门”的，“送礼”“赞助”的，上级“写条子”“打招呼”的……市侩主义的教育领导观在教育界经久不息。于是，一些学校领导在做好学校日常事务工作、完成上级分派的任务之外，不得不学会八面玲珑、迎来送往，不得不学会协调各方面的关系和利益，似乎教育领导者如果在这方面没有情商，就很难坐得稳领导这个职位，甚至产生一种错觉，误认为这些歪风邪气就是社会普遍“流行”的主流潜规则。

面对这些陷阱，保持住清醒，不让歪风邪气侵染自身的精神和作风，对每一个人来说都是一个考验。如果社会上没有了这样的不正之风，社会风气纯良，每个人都坚守底线，不违反法律，不违反道德，大家都严格按照社会规则和原则行事，公私分明，相信教育领导们的高尚精神追求和洁身自好的职业尊严就不会那么难维持和保有，教育领导们就可以更加安心地办人民满意的教育。所谓社会更清廉，教育更美好。

二、领导的定义及对领导本义的辨析

西方学者对领导的大多数定义都与促进团队人物绩效的影响过程有关，包括领导要施加影响力，施加影响力的常见方式，还有施加影响的结果等。施加影响力主要向下属施加。西方学者认为领导也是一种相互的过程，领导者与追随者相互影响，并向着共同目标努力的过程。无论是领导者还是追随者，缺少任何一个都不能完成领导。施加影响力的方式主要是一些策略和技巧。施加影响的结果则是达成组织目标的实现。

而东方的领导，则指向“无为”“无我”。“无我”的领导不会过于相信自己的想法，不会让自己和他人牺牲在自己的“信念”之下。因为一味痴迷于领导的愿景、组织的目标及实现组织目标的“术”，并不能真正揭示领导的本质。领导“无为”，是指事前不需规划、不需计划，但并不是无缘无故地做事，而是按照人和事物自身的规律、按照常识去做事，由于意识清静、虚无而不固执，因此任何事情都能反应恰当，任何事情都能符合“自然”，自然也就无为了。

1. 领导的影响力要影响的是什么

“但使龙城飞将在，不教胡马度阴山”，这句话里的“飞将”就是领导的意涵，难道诗人所在的时代就没有带领士兵的将军吗？肯定还是有，但是却没有当年“飞将”威震天下的风采，所以不是有一个将军在那里任职，他就是一位领导者，而是要看他是否具有对内的影响力和对外的威慑力。所谓“火车跑得快，全靠车头带”的俗语，也是说明了领导者是具有激发和影响他人活力的人。

从西方领导学的概念体系里，摘其中一些看看该如何理解真正的领导力。领导是影响力展现与发挥的过程，目的是促进个人或群体努力完成组织分配的工作（Yukl，2013）。领导是提供愿景、方向和坚持朝向完美境地前进，促成改变的过程（Harris & Muijs，2005）。

这两个概念都非常西方化，是西方思维下的领导概念。第一个概念指出领导是影响力展现与发挥的过程，而影响力展现的目的只是为了完成组织目标（任务）。第二个概念指出领导的工作就是要提供愿景、把握组织发展的大方向，并且要不停歇地实施改革、迈向完美境地。西方思维比较强调各种“做”法。强调应该怎么样，但实际上做得再多也并不见得比实际情况更好。而且，西方的领导概念暗含一种对现实的不满和对抗，而且必须动用很强的意志力向另外一种方向去努力、去奋斗。这其实是一种以领导者的意志为意志的灾难，也是一种掌控者想要掌控别人、干预别人的陷阱。

真正持有领导之道的领导，首先不会过于相信自己的想法，更不会让自己和他人活在“自我”的掌控之下。克里希那穆提在《点亮自性之光》一书中曾提到[31]：自我的欲求之一就是将“真相”改变成“应该怎么样”，而“应该怎么样”其实也只是一个自我投射的概念，这个概念与真相发生了冲突，并因此强化了“自我”，而只要有“自我”活动存在，控制和压抑就一定会发生，自欺和欺人就一定会产生，那时所谓焕然一新的东西也就不可能产生了。所谓的改革和改进也不过就是在既有的框架内缝缝补补、敲敲打打，即使有所改善，也如身处牢狱之中而已。

很多时候“我以为”的并不是真相，甚至距离真相很远。作为一个领导者，更不能有太多的“我以为”“我觉得”。抱有“我觉得应该怎样”的信念的教育领导者，最容易干预事情的发展过程，尤其当事情没有如他所认为的那样发生，注意力焦点更容易被牵引到一连串的负向演绎之中。“我认为”“应该怎么样”是教育领导者的大敌，这种模式伤人、伤己、伤害组织。

干预只会造成痛苦、扼杀活力。没有干预，那些我们曾经努力干预的事情才会自然发生。作为一个领导者，更不能有太多的“干预”和“行动”。这就像掉落在水里不会游泳的人，拼命搏击的人溺水更快，而放松的人才能浮在水面。以“我要努力成功”这种集体无意识的观念为例，现在的社会充斥那么多的成功学战略和成功者传记，都在讲每个人都要努力成功，但从来不讲失败学和失败者，从来不讲如何放过自己、如何与自己和解，这就是一种社会偏颇。即使讲失败，也常说失败是成功之母。且不说，人这一生输赢是否重要，单说在学校环境中，让学生乐在成功之中，羞于失败之后，就不是培养人的一种正确方式。如果从小给学生这种感觉和信念，很容易让人惧怕失败，因为恐惧失败而处处遭遇挫败感，最后本末倒置，靠“成功”才能给自己一种坚实的存在感，而失败成为大多数人的逃避和羞辱。成功者惧怕下次的失败，而失败者，嘴上说放下，实际上是“伪”放下，“真”逃避。在这样的心理背景下，真正的行动力、创新精神、勇气和热情就会因为恐惧失败而消逝，那么想要达成的事情怎么可能达成？！事实上，失败又怎样？成功又怎样？如果只是在玩一种安全游戏以获得成功感，那么这种重复的安全又有什么意义呢！真正成功的人，是没有失败或成功概念的人，他们保有勇气，他们怀有赤子之心，他们保持着毫无成功目的的热情、兴趣和求知欲。但是这些最宝贵的东西，却早早地被领导的干预、教导和鞭策扼杀掉了。所以，随时改换旧有的信念，随时更新旧有的信念，不依据旧有的模式、记忆和经验行事，让每个昨日死去，不让过去或者对未来的幻想毁掉我们的当下，不抱持“不成功便成仁”的自我约束行事，才能给自己和他人带来更多的活力和生机。

2. 领导要解决的组织目标是什么

马丁·切莫斯（Martin Chemos，1997）对领导的概念有一个界定。他认为领导是一个社会影响过程，在这个过程中，个人在完成常规任务过程中能够获得他人的帮助与支持。切莫斯的定义较清晰地传达了领导的影响力是什么这一问题。很多领导力的概念只是说要有影响力，要达成组织目标，但是影响力的体现方式却未得到清晰说明。切莫斯表达了领导存在的主要意义和价值。领导在安排活动和建构关系的过程中，运用各种理性和情感因素的影响，使得每个人都承担起适合自己的工作责任，并使得每个人在完成自身任务的过程中，能够随时获得他人的有力帮助和支持。

切莫斯的观点表明领导是让组织中的每个人获得帮助和支持的这一大方向。在一个组织中，大家是相互依存的、相互联结的，没有人能独立存在。就好比人的两只脚，快脚永远都必须服从慢脚。如果一个组织的快脚与慢脚差距太大的话，这样的组织发展是值得质疑和推敲的。因为我们每个人都在以非常亲密的方式与世界连接着。组织不但在我们身体之外，也在我们身体之中，组织的活力就是我们的活力，组织的倦怠就是我们的倦怠，组织的软肋就是我们的软肋。组织有了光和温暖，我们才得以健康的生存。甚至再放大了看，我们与宇宙所有的人、所有的事，与所有的生命、所有的非生命都相互关联，我们相互依存而得以生存。所以领导者的工作就是让大家彼此有更深的连接，并且得到更多的他人支持和帮助，而不是刻意的用制度和潜规则让人们之间分裂、隔离、猜忌、嫉恨……真正的领导力能让我们也像盛开的花儿一样，用心打扮自己的身心，把自己的最美状态展现给他人，展现给这个世界。真正的领导力是带领大家一起享受生产生活，一起为共同的未来献上最好的东西，所以，领导之为是滋养人们喜悦和幸福的艺术，而不是为稻粱谋的行径。

当然，切莫斯的观点仍是西方化的观点。他抱着这种信念去做各种“活动安排”和“关系建构”，定然还是会落入造作的陷阱，真正的帮助和支持在“做”文化下很难真正实现。就像现实中，那么多的“拉郎配”、政府的“嫁接工程”，最后都落得“一阵风”和“形式化”一样，真理应该是“春来草自青”，让它自然而然地发生。

一位研究生在回忆自己本科期间辅导员的管理工作时，表示自己没有感到压抑和紧张，而是感到舒服和自在。他说：“我们的辅导员用自身的人生态度与处事行为潜移默化地感染我们，用倾听和理解来引领我们，而不是用那些束手束脚的条条框框来限制我们，我们则用自己的创新活力潜移默化地影响着她的管理行为，我们有着惬意的合作方式，我们学生也愿意去做班级工作。她不像其他管理者那样，对我们做各种严格限制和各种规定条例，我们工作按部就班、行云流水地进行着，我们虽然也在规定的特定时间做着特定的事情，但我们有自由时间和自由感知的空间。现在回想她对我们年级同学的管理，我觉得两句话就可以概括：人是有安全感的，行为是符合学校基本规定的；辅导员用很平淡、很朴实的行为，放纵着我们做最本真的自己。这也许就是她对学生管理的独特方式，而且这种管理方式所带来的效果或者说绩效是显著的。且不说成绩方面，单拿学生满意度、心理疾病发生率层面来讲，学期末对年级辅导员匿名满意度测评中，我们辅导员收到的所有满意度问卷全部是非常满意，在学生心理疾病发生率层面，我们年级心理疾病发生率为零，被学院建议休学，但是辅导员没有执行的有两位同学，在辅导员的关心照顾下，均顺利完成学业。”想来，这就是看似“无作为”却能收获真正“大作为”的管理方式，也是最好的管理方式。

3. 领导的真相是什么

克里希那穆提说，“我们中的大多数人都想要社会地位高的工作。我们不想只当一个厨师，而想当厨师长，因为厨师长有社会地位。我们不想只当一个牧师，而想当主教，然后当大主教，最后还要当教皇，那样才会威望无边。所以我们中的大多数人并不关心从事什么工作，而是关心工作的社会地位。”所以我们想要做领导的真相是什么？我们羡慕做领导的人的真相是什么？看来，答案需要放到“大家都在追逐社会地位”的社会背景下来进行解读。

比如，你是否认为领导是职业生涯的顶点？再比如，想要做领导的人是不是被自己追求声望和地位的野心驱使？是不是被自己追求更好生活的欲望驱使？然而，被野心和欲望驱使的人“总是在竞争，充满了侵略性，而充满侵略性的人都是问题成堆”。所以，我们做领导之前，首先要探索自己的内心，我们为什么要当领导？我们为什么希望碰到好领导？不断追问自己，不断思索自己，并在自己内心发生真正的革命之后，再去作出是否要做领导的决定。

作为被领导者，也需要反思自己在被领导下是否发生了异化和变态。一位到某小学实习的本科生写下很多观察日记，其中有好多段都涉及领导问题。有一段是这样写的：早上学生到教室的时候必须要对老师说早上好，不说早上好，老师就会喊住他，让他说了再去整理东西。我其实觉得“问好”这个事情是学生自愿的，虽然这是一种礼貌的做法，但是也应该是出于学生自己对于教师的尊敬和自愿而主动打招呼，而不是变成了一种强迫和必须。

还有一件事情的描述：这里的学生们特别会看眼色，班主任这天下午要出去，让我帮忙管理班级并且讲评课本题目，一堂课下来至少有半节课是在管理班级秩序，班里的学生并不怕我。后来副班主任也下到班里，效果才好了一些。但是我可以肯定，同样的一节课，班主任来上，效果必然不一样。我不禁反思，究竟是什么导致学生面对同一堂课不同的老师会有这么不同的态度呢？不排除我的教学能力与班级管理能力比不过有多年经验的老教师，但是学生的想法必然也有一定的因素。那么，是什么让这些孩子在本该单纯的年纪里变得如此“懂事”了呢？他们才上一年级，且入学不过短短两个月，就这么快被班主任“驯化”了吗？还是他们在幼儿园的时候就接受这样的教导呢？

从这些观察日记中可以看到，我们的学生因为教育而变得世故，他们很明白自己是被谁领导，且很清楚地知道决定自己“命运”的人是班主任，而不是无足轻重的实习老师。当我们面对自己的上司和领导的时候，我们内心是什么样的想法和态度，这个想法和态度是否与面对不是自己上司和领导的人的时候是一样的，这应该是判断自己真实态度的试金石。如果我们真的能够一视同仁地对待领导和非领导，才说明我们有真正的自尊。否则，我们的自尊是虚伪的，是虚假的，是不存在的。只有当我们摆正了自己的自尊，我们才能在被领导之下依然坚持自我，能够距离“威武不能屈、贫贱不能移、富贵不能淫”的高尚精神近一点、再近一点，也才能始终如一地以公平、公正的态度对待自己的工作和他人的工作。

三、无我无为之道与西方领导理论

《道德经》第三章言：不尚贤，使民不争；不贵难得之货，使民不为盗；不见可欲，使民心不乱。是以圣人之治，虚其心，实其腹；弱其志，强其骨。

这段话可以理解为：不要把你的追随者划分成优秀的、不优秀的，追随者就不会争来争去，不会使用各种奸诈的小手段祸害组织。不要把你的追随者的工作区分成昂贵的或低廉的，人们就不会有偷盗的心，不会有分别的心，那么整个组织所有人心就会平静下来做事情，而不会被时时扰乱。不要树立什么愿景，不要去干扰和控制追随者的头脑，不要让追随者的内心充满对未来的欲望。

圣人之治，就是毫无“自我”地做事，吃饭的时候吃饭，干活的时候干活，休息的时候休息，和自然保持一致，随遇而安，和真相统一步调，安之若素，这样就没有乱七八糟的事情出现，没有管理不好的问题出现。

老子《道德经》这段话可以让我们深观圣人的“领导”之治，看到领导的根源。

普通的领导总是把人划分为三六九等，把工作职位划分为三六九等，把工作任务也划分成三六九等，这样做是没有出路的。有时候我们的行为并没有那么卑劣，但是领导的划分让我们的行为变得卑劣。这就是领导种下了卑劣的种子，而不是我们自己的选择。判断领导的行为和制度安排是否有益，必须看其制度和行为的结果是否把人割裂开了、是否把人与人割裂开来。实际上，我们不仅是为自己工作，我们也是为祖先、后代，乃至整个世界工作。每个人的和平、宁静、微笑、知足，就是世界的和平、宁静、微笑和知足。每个人的愤怒、恐惧、压力、欲望，就是世界的愤怒、恐惧、压力和欲望。现实世界中，领导们常常招聘比岗位能力要求要强很多的人作为自己的员工，而且拼命号召大家多努力、多拼搏、多坚持，这种思路是偏狭的。能力太强的员工，做那些没有挑战的工作很快就会有倦怠感。能力不够强的员工，做太具挑战性的工作很快就会有挫败感。太多的努力和坚持有时候只能带来固守陈规和束手束脚并难以创新。而且，对于很多事情而言，坚持和努力不一定会有好效果，然而我们总是要“努力”。此外，有很多事情无论我们多努力也无法达成，比如人的寿数，不是拼命养生就能活出大寿数；深度的良好睡眠也不是拼命努力就能拥有的；

好胃口也不是你努力便可拥有的……事实上，很多东西是可遇不可求的。人生是一场奥秘之旅，不同的人有不同的活法儿，人生无法有固定的真理。再比如，大家眼中的好工作似乎就是高薪、高社会地位，但实际上，这份工作对有些人而言，却不见得是一个好机会。有的人身体不好，长期从事这份工作可能导致积劳成疾，这就是身不配位；有的人“玻璃心”，比较脆弱，承受不了这份工作所带来的压力，导致心理问题，这就是心不配位；有的人德行较差，难以掌握实权，否则就会德行败坏、身败名裂，这就是德不配位；有的人能力不够，干这份工作吃力，这就是能不配位。所以对于每个人而言，找到一份身、心、德、能都与这个岗位基本匹配的工作，那才是所谓的好工作，而不是大家眼里名利双收的工作才是好工作。总之，组织中为了追求效率和结果，过分区别对待，过分三六九等做划分区别，最后只能是损人不利己。

圣人之治，就是毫无“自我”地做事，毫无“问题”地存在。没有“自我”，就是不把自己带进来的人。不制造“问题”的人，就是没有比较、判断、抱怨和纠结的人。只是存在着，没有任何中心，无我、无己、无自我的存在，不去创造问题。这才是解决问题的唯一办法。所谓无自我的存在，就是每天都是全新的存在，每时每刻都是新鲜的存在。不用记忆收集过去，不透过“布满灰尘的过去来看待新鲜的时刻”。不仅“不背负过去”，也“没有思考着未来”。由于不为过去所累，所以不会心存杂念、不会怀着评判的目光看人，才能保有一个真正领导者的姿态。由于不思虑未来，所以才会活在此时此地，安身立命，休养生息，才能持有一个真正领导者的心胸。

西方爱讲“有为”，东方爱讲“无为”。有为的人都是自我很强的人。无为的人自我主义没有那么强大，所以也就更宽容自己，更包容他人。而有自我中心、自我主义的领导，对别人有期待，爱评价、评断别人，对自己有很大的期待，也爱事事评判自己。但不管是批评或表扬的评价，都会给人一种不安全感。有自我中心的领导，总爱不断地比较或不断地刺激员工。被批评或者没有被表扬的员工更容易产生防御心态，而被表扬的员工容易产生过度的自我关注。在这样不断制造比较的氛围下，所有的人都会缺失安全感，他们倾向于用自我制造一个幻想中的“假想自我”。

“虚假的自我是完美的、全能的，当他们用这种自我对照真实的自己时，就会非常焦虑、非常不真实”，当这种不接纳自己的心态成为习惯之后，他们就会否定自己或者拼命努力证明自己来满足他人的期待。长期以往，他们的成长方式就被阻断了，很多事情也失去了本身的乐趣，他们也成了一个自我中心的人。“以自我为中心的人太关注自我，而没有把生命的能量投射到世界，并在与世界互动的过程中获得自然的成长。而人越是关注虚假的自我越会陷入深深的停滞中，并形成恶性循环”。[32] 学校本不应该是一个讲评价、讲区别的地方。要知道，教师的批评、惩罚、忽略、虐待、期待、冷嘲热讽、成绩排名、升学考试的压力等等，都是学生和家长不安全感的来源。举例来说，一名后进生，在成绩佼佼者的群体中，本来自卑感就强，安全感就弱，如果再有一个以自我为中心的班主任，就会发现自己很难达到班主任的要求、很难达到班集体和学校的要求，那么他所有的努力都是为了想要向别人证明自己是能够满足别人的期待，所有的努力都是为了证明自己不像他们所说的那么不堪。由于这种“因为他人而努力”的动力不是自发的，所以这种努力的感受不佳，只是用“努力”跟失败的生活赌气，用“努力”来惩罚自己不够完美，用“努力”逃避自己被定义为卑微渺小的存在。

这种“因为他人而努力”的人，最有可能的结局是他们遇到挫败后很容易放弃，很难持续地努力，很容易陷入停滞，因为他们找不到源于自身的成长动力，一切都取决于别人，而不是取决于自己。

而一个不以自我为中心的领导，他不会骄狂，也不会谦卑，他不会把人分成三六九等，也不会把工作任务分门别类，他不会制造过度的竞争，也不会控制和干扰他人，他是真正内心充盈的人，所以他能真正由内而外地放松且自然，所以他会创造各种环境和条件，让我们不论是成功还是失败都能重新评估自己，获得持续的自我成长，而不是格外在意别人对自己的看法。由于他不为过去和未来所扰，所以他会时刻感受到自在感和满足感，他没有无止境的欲望，不会让自己和他人被一个又一个新的计划所埋没，所以他领导下的组织能顺其自然地发展。这就是老子所谓的“圣人之治”“无为的精髓”。这种领导之道就像沸腾到100℃的水，自然而然就会蒸发，而不需要刻意为之。由于无为而无不为，因为顺其自然，所以能真正找到属于自我发展、自我成长的独特之路。

1. 领导特质论与无我无为：王侯将相宁有种乎

西方最早的领导理论是领导特质论。特质论属于领导一元论，是以领导者为中心的理论。它单单看领导者本身，还不考虑下属及领导情境。

（1）领导特质理论的主要观点

所谓领导特质理论，简要说就是研究具备什么特征的人适合做领导。特质理论（Trait Theory）相信有些人生下来就被打上了领导者的印记，而另一些人则被打上被领导者的印记。领导是天生的，而不是培养的。西方国家的管理学者们一直把领导者的各种性格和特征，作为描述及预测其领导成效的标准。这种以不同特征区分领导者与一般人，并以此来解释领导者之所以成为领导者的真正因素的理论，就称为特质理论。研究的特质主要包括身体特征、人格因素、需求、价值观、精力与活动水平、任务与人际关系能力、智力因素与人格魅力等。汉菲尔（Hemphill,1962）总结32位小学校长的领导特质包括友善、负责、活力、热心、乐观等。

霍伊等将领导特质分为人格特质、动机特质、技能特质三大类。①人格特质：自信、能承受压力、情感成熟、诚实，被认为是比较突出的领导人格特质；②动机特质：具有完成任务的动力与对人关怀的人际需要、具有取得成就的取向、具有寻求权威性职位的权力需要、具有对成功的高期望；③技能特质：拥有专门知识的技术技能、懂得与他人交往的人际技能、具有分析推理演绎归纳等理论技能。

（2）中国如何看待美好的“领导特质”

在中国，并没有区分领导者与非领导者特质的理论。但是关于立德、圣人之德、君子之为人处事之道、个人之修身养性方面，倒是有明确的言论和论述。这些可以视之为中国特色的领导特质论。

《道德经》第十五章言：古之善之士，微妙玄通，深不可识。夫唯不可识，故强为之容。豫焉若冬涉川，犹兮若畏四邻，俨兮其若容，涣兮若冰之将释，孰兮其若朴，旷兮其若谷，混兮其若浊。孰能浊以静之徐清？孰能安以久动之徐生？保此道者不欲盈，夫唯不盈，故能蔽不新成。

这段话的意思是说：古代的善之士是什么样的？他是很奥妙、很神秘、不可解读的。勉强描述他的特质的话，大概是这样的：他走路时像是在冬天踩在冰河上一样小心翼翼，他每天都活得很新鲜，完全不靠经验而活；他的容貌非常庄严美好，不是那种直观的帅气或漂亮，而是非常的端庄沉静；他非常柔和放松，好像冰柱在消融一样，他完全没有什么架子或者自以为是的问题，他就像没有雕琢加工的木材一样敦厚质朴，就像空旷的山谷一样辽阔豁达。他还像浑浊的江水一样无边无尽，虽然浑浊，但不管多浑浊的污染物投掷进江水中都会被溶解、消弭，此浑浊中孕育着清澈，此澎湃中也酝酿着宁静。这样的人，从来不需要别人来填塞他的空缺感，因为他自己本已圆满无缺。

这段描述显示出善之士给人很柔软、很谦卑、很虚空的感觉。这里的柔软若水，“水善利万物而不争，处众人之所恶，故几于道”。这里的谦卑虚空不是“有”，而是“无”，行走不留痕迹，说话不伤人心，所谓“不自见，故明；不自是，故彰；不自伐，故有功；不自矜，故长”。以柔克刚、以弱胜强，内在强大但外在虚空谦卑，锋芒不毕露，以不争而使天下莫能与之争，故而有“功成身退，天之道”之说。

这样柔软的人却为何会给人这样大气又独立的感觉呢？显然，因为这样的人是用爱的方式思考和行动的人。因为充满了爱，所以柔软、包容、敦厚、豁达。领导特质应该是：有爱的能力的人、对一切充满满足感的人、性格开朗的人。

《文子》中也有一段话，对于我们思考有关领导的形象很有助益。这段话是这样说的，老子曰：圣人妄乎治人，而在乎自理。贵忘乎势位，而在乎自得，自得天下得我矣；乐忘乎富贵，而在乎和，知大己而小天下，几无道矣。

这段话的意思是：老子说，圣人不在于去治理别人，而在于自己治理自己。品德高的人不在于其势利名位，而在于其内心得到了道，他内心得道也就等于自己得到了天下；快乐不在于富贵，而在于调和，知道以生命为大而以天下为小，这样就接近于道了。现在，我们之所以在很多方面有这样、那样的问题，是因为我们很多人都对自我不满足，甚至厌恶自我，因此会用恶劣的方式对待自己与别人。完美的形像不是来自伪善，而是来自真正的独立自爱和自我接纳。

《道德经》第三十六章言：将欲歙之，必固张之；将欲弱之，必固强之；将欲废之，必固举之；将欲取之，必固予之。是谓微明，柔弱胜刚强。这段话的意思是说：想要收敛它，必先扩张它，想要削弱它，必先加强它，想要废去它，必先抬举它，想要夺取它，必先给予它。这就叫作虽然微妙而又显明，柔弱却能战胜刚强。也就是说，领导的特质不是刚强而是柔弱，不是强硬，而是顺应，不是颐指气使，而是心平气和地做事，不是强迫使然，而是自觉使然，不是不管不顾直接奔向自己的目的去行动，而是要思考内在的规律，并常常反其道而行之。

还有《道德经》第五十六章讲：圣人方而不割，廉而不刿，直而不肆，光而不耀。意思是说：圣人方正而不生硬，有棱角而不伤害人，直率而不放肆，光亮而不刺眼。从这段话引申出来的领导的人格特质，应该是宽厚又清明、淳朴又简单、谦逊又圣洁的人。这样的人是重义轻利之人，是信守承诺之人。绝不是那种见利忘义、庸俗不堪、虚情假意、自私贪鄙的世俗之人。世俗之人在唐代诗人张谓的古诗中曾被深刻地描绘过，“世人结交须黄金，黄金不多交不深。纵令然诺暂相许，终是悠悠行路心”。还有西晋时期鲁褒《钱神论》，刻画出“舟车上下，役使孔方。凡百君子，同尘和光。上交下接，名誉益彰”中的贪鄙之人，而圣人之特质在于从不将别人作为自己利用的工具。

另还有《道德经》第三十三章讲：知人者智，自知者明；胜人者有力，自胜者强；知足者富，强行者有志；不失其所者久，死而不亡者寿。

意思是说：能了解、认识别人，叫作智慧。能认识、了解自己，才算聪明。能战胜别人是有力的，能克制自己的弱点才算刚强。知道满足的人才是富有的人。坚持力行、努力不懈就是有志。不离失本分的人就能长久不衰，身虽死而“道”仍存的，才算真正的长寿。将这段话的意义引申来说，是指有领导特质的人，不一定非常了解别人，但一定要非常了解自己，能够认识自己的人，是有自知之明的人。有领导特质的人，不一定是能够战胜别人的人，但一定是能够战胜自己的人；有领导特质的人，不一定是意志刚强、有志向就一定要实现的人，但一定是内心知足的人；有领导特质的人，不一定是死后还能让人记得他德行的人，但一定在他活着的时候能够不偏离做人之道、做事之本的人。这样的领导者才能心智清明、头脑清晰，成为一名有智慧的领导者。

此外，《道德经》第六十三章讲：“为无为，事无事，味无味”，即以无为的态度去有所作为，以不滋事的方法去处理事物，以恬淡无味为有滋有味。一切顺应自然，以平静的心态和行为处事来对待生活工作，不去滋事生事，而是以无事和静下来的心情来做事，平平淡淡才是真，安安乐乐就是福，这就是无为为我的道理和处世哲学。如果我们做领导，总是强作强为，纷纷乱乱生出很多事情来刷存在感，就会让下属们纷纷攘攘，无法静下来做该做的事情，那就是本末倒置、南辕北辙了。就好比终日享受美味佳肴的人，不仅不会有好身体，反而会使健康受损，而且还会导致需更大的味觉刺激才能有食欲，这就好比是用美味佳肴倒了自己的胃口，没了胃口的人，吃再多的山珍海味也如味同嚼蜡罢了。这也可用来比喻一些无事生非的领导，不仅在工作上无所作为，而且还导致下属们失去对工作的激情、活力和创造力。这种追逐功利而弄巧成拙是现代人的一种通病，不仅存在于成年人身上，还存在于学生身上。这种病被北京大学的徐凯文教授称为“空心病”。徐凯文教授指出[33]，如果孩子从小被功利的学习目标推着走，长大后就会变成没有内心尺度的“空心人”。“空心人”的普遍感受就是，“学习好、工作好是我的基本要求。如果学习好，工作不够好，我就活不下去。但也不是说因为学习好、工作好了，我就开心了。我不知道为什么要活着，我总是对自己不满足，总是想各方面做得更好，但是这样的人生似乎没有尽头”。显然，这样追求功利的“有为”教育不是在帮助孩子成长，而是在毁掉一代孩子。

“大直若屈，大巧若拙”。只是直，就会变成屈。只是巧，便会拙。只是有为，就会导致无所作为。无味之味，无为之为，无我之我才是所谓的“大直大巧”。所以说：我无为，而民自化；我好静，而民自正；我无事，而民自富；我无欲，而民自朴。以无为为之，以不治治之；无为反无不为，不治反无不治矣。

总之，西方领导特质理论常被称为“伟人”理论，特质论认为，只有伟人身上才具有这些独特而与众不同的特质。但实际上，领导的特质不是其毅力有多强，坚忍有多深，改造世界的愿望有多大，道德戒律执行得多么严，情商、智商、挫商多么高，而是能用温和、温柔的方式来思考和行动。

2. 领导行为论与无我无为：任务因人而生而非相反

领导行为理论主要研究领导在行为上应该关心人还是关心任务这一问题。领导行为理论依然属于领导理论中的一元论，主要关注领导者本身，不过从领导者所具有的特质，转向了对领导行为的研究。

（1）领导行为理论的主要观点

领导行为理论主要有勒温的三类型理论、坦南鲍姆的领导连续流理论、密执安大学利克特教授的四种基本领导形态、俄亥俄州立大学的领导行为四分图、管理方格理论。

勒温（Lewin，1939）等人的三类型理论将领导行为分成三大类型：集权式（专制型）领导、民主式领导和放任式领导。

坦南鲍姆（Tannenbaum,1958）的领导连续流理论认为适宜的领导方法取决于环境和性格，他们描述了从主要以领导人为中心到主要以下属为中心的一系列领导方式，这些方式依领导者把权力授予下属的大小程度而不同。因此，领导方式不是在两种方法（独裁的或民主的）中任选其一，领导连续流提供的是一系列的领导方式。

美国密歇根大学利克特（Likert，1967）的研究做了进一步推演，他把领导者分为两种基本领导类型，分为“以工作为中心”和“以下属为中心”的领导。其中，“以工作为中心”的特点是任务分配结构化、严密监督、工作激励、依照详尽的规定安排；“以下属为中心”的特点是重视下属行为反应及问题、利用群体或团队实现目标、给组织成员较大的自由选择的范围。利克特据此进一步提出四种基本的领导形态：权威式（剥削式）、开明权威式（仁慈式）、协商式（一定的信任）、群体参与式。权威式也称为剥削式，该形态以领导为中心，由上至下地传达信息，大多数决策由领导决定；开明权威式又称为仁慈式，偶尔会有自下而上传递的信息，但还是以领导层决策为主；协商式，在做决策时会征求并接受下属的建议，酌情利用下属的想法，对下属具有一定的信任；群体参与式，向下属提出挑战性目标并对他们能够达到目标表示出信心，鼓励下属作出决定，或者将他们自己与下属合起来作为一个群体从事活动。

俄亥俄州立大学的领导行为四分图是1945年美国俄亥俄州立大学商业研究所对领导行为内容的分类。它主要依托两类行为，第一类是关怀下属的行为；第二类是建立制度的行为。关怀下属的行为主要关注个人、人际关系和群体维持；建立制度的行为则关注结果、任务和目标达成（Cartwright and Zander，1953）。这两类分类构成了四个象限，即低组织高体贴，高组织高体贴，低组织低体贴，高组织低体贴。并以此开发了测量领导行为结构维度和关怀维度的领导者行为描述问卷（Leader Behavior Description Questionnaire，LBDQ）。

结构维度（Initiating Structure）关注的是工作的完成，领导者围绕任务目标的实现来定义和建构他或她自己的角色以及下属的角色。包括为下属分配任务、坚持明确的绩效标准、要求下属遵循标准程序、强调任务期限的重要性、批评不力的工作，协调不同下属之间的活动。结构维度就是勾画领导与下属关系、建立界限分明的组织模式、沟通渠道和程序方法的领导行为。

关怀维度（Consideration）关注的是人和人际关系，领导者友善支持，表现出对下属的需求和感情的关注。包括帮助下属解决问题、花时间倾听下属的问题、支持和保护下属、在重要问题上向下属咨询、虚心接受下属的建议以及平等对待下属。关怀维度是领导与员工之间的友谊、信任、温暖、关心、尊重的领导行为。一般来说，上级倾向于强调结构维度；下属则更重视关怀维度。结构维度被上级认为是下属绩效的来源；而关怀维度则与下属对工作和领导者的满意度有关。

布莱克（Blake）和莫顿（Mouton）的管理方格理论（Management Grid Theory）是最著名的领导行为理论。它认为领导者会有同时关心人和任务导向的行为。以任务导向为横轴，以关心人为纵轴，各划分为九等分，形成了九九八十一个方格。其中它描绘了五种主要的领导风格：权威－顺从型（9.1）、乡村俱乐部（1.9）、贫乏型（1.1）、中庸型（5.5）、团队型（9.9）。

在布莱克和莫顿（Blake & Mouton，1964）的管理方格模型中产生了“双高型领导者”的概念。布莱克和穆顿指出，有效的领导者并非那些混合运用任务导向和关系导向的人，而是那些选择能反映对工作和人同时关心的特定形式行为的人。

（2）西方有关校长领导行为的主要观点

校长领导行为的研究有基于 LBDQ 建立的结构和关心体谅模型，还有不同主体感知到的校长领导行为的调查分析，以及不同形态的校长领导行为有哪些，如参与型、指导型、支持型、向导型的分类。另外，有关校长领导行为与组织承诺、组织气氛、工作满意度、学习成就、职业倦怠等之间的关系等研究较为普遍，如帕金斯、韦恩、夏威等的研究。

迪尔和彼得森（Deal & Peterson）将校长行为分成了两大类：技术型角色和艺术型角色。每个角色又分成了八种技术型角色与八种艺术型角色。技术型角色包括：计划者、资源分配者、协调者、视导者、信息传播者、裁判者、把关者、分析家；艺术型角色包括：历史学家、人类学侦探家、愿景专家、符号、陶匠、诗人、演员、疗伤者。

李、布莱克、斯密斯（Lee，Bryk & Smith）对校长行为的研究有三分法分类：行政管理者、中介管理者、愿景管理者。行政管理者包括：分配资源，发展和强化政策及程序，督导事业的发展；中介管理者包括：帮助内部外部的利益关系人的沟通，缓解教师和外界之间的干扰；愿景管理者包括：塑造学校目标及指导和支持教学过程。

（3）对西方行为理论的反思：任务 or 人

过分关注任务的结果常常做得越多损害越大。现代的“做”法可以说是心神自扰，伤害自身，不停地做，不停地“作”。

从社会层面上说，我们太过关心任务和人物结果，所以热点是做出来的、资源是做出来的、媒介是做出来的、公关广告是做出来的、公众号是做出来的、圈粉是做出来的……

从学校层面上说：现代学校教育流行做学校、做文化、做项目、做公关、做规划……还有各种特色、各种文化打造。难以想象特色和文化是可以做出来的，而不是滋养和慢慢内在生长出来的。还有些任务实现得过快，三月刚开动员会，六月就开始评成果。还有一些学校，只是做了该做的一些基本工作，就各种拍照、视频宣传，线上、线下地吹嘘追捧自己。还有的学校喜欢陈列各种奖章、证书、奖杯、奖状，太多的流行文化已经干扰到了学校教育教学本身。很多时候不是我们做得太少，而是做得太多。不仅是做得数量太多，而且是做得不明不白、做得糊里糊涂、做得颠三倒四、做得虚情假意。

一个关心任务和任务结果的人只会拼命搜集情报、搜集信息，但其实每一样东西都是抄来的、借来的、偷来的。既然是抄、借、偷来的，那么这个“做”就会被固定在有局限性的小框框内，就会使其显得表面、肤浅、没有深度、似是而非，致使“做”中的他无法成为他自己、无法找到真知、真理。或者说，知道还不如不知道，做还不如不做。

以雾霾为例，可以把它作为我们思考这个时代过分强调任务、强调做得更多这一行为方式的一个点。在这个社会中，大家努力工作、努力发展经济，制造各种东西、消费各种东西，到头来的结果却是制造出雾霾，使原本不用花钱便可以享受的空气变成通过使用昂贵的过滤器过滤后也无法放心使用的“产品”。不仅空气有雾霾，水也有污染，食品也有毒！努力工作、努力发展经济都是为了什么？努力发展经济，身心健康没有了，各种疾病成为家常便饭，这还有什么意义呢？到头来，我们的所作所为都不过是在阻碍自己，为难自己。这就是佛教所说的大家的“共业”吧。我们不断地强调任务、强调做事，到底是在创造科技的天堂，还是生态的灾难？电影《美人鱼》里，美人鱼对富商说：“如果这个地球上连一口干净的水都没有了，要那么多钱干什么用呢？”时至今日，蒙昧与文明的得失不是伯仲难分，而是胜负已明。

莫言曾经在他的《哪些人是有罪的》的演讲中讲到：一百多年前，中国的先进知识分子曾提出科技救国的口号。三十多年前，中国的政治家提出科技兴国的口号。但时至今日，我感到人类面临着的最大危险，就是日益先进的科技与日益膨胀的人类贪欲的结合。在资本、贪欲、权势刺激下的科学的病态发展，已经使人类生活丧失了许多趣味且充满了危机。人类的好日子已经不多了。

在任务和人之间，其实任务是因人而生，而不是人因为任务而生。人类世界中，一切都是为了人而存在，为了一切人而存在。任务其实是不存在的，只要有任务，就容易导致人的异化。任务只能为了人而存在，但我们恰恰是反其道而行之，把任务放在第一位，人却逐渐消弭在任务之中，甚至看不到人了。

领导行为理论拘泥于关心人或关心任务之间的分别，实际上是想要通过适度关心人来达成任务，或者想要找到完成任务的最佳策略。这种微妙的小心思体现了西方管理者的技巧和手腕。然而，组织行为中这诸多的“做势”，把个体的能量和组织的能量基本消耗殆尽。现在“做”任务的方式很多都是“作”的方式。是时候好好反省“做任务”的领导行为了，老子的无为论作为存在模式的极致才是管理的真境界。

实际上，领导行为应超越人和任务之间的分别。没有人就没有任务。无人可养，则无任务可生。万法平等，一切是一。这个一就是道，而道就是爱。在任务和人之间当然人是第一位的。在人和其他生命之间，人与万物平等，共同成为一个整体。做人是做自己，也是做万物，也是塑造“道”。没有人和物可以把自己从整体当中脱离开来。

（4）东方的中国如何看待美好的“领导行为”：行为模式的极致 or 存在模式的极致

中国人认为万法平等，一是一切，一切是一。领导行为之道没有人和任务之间的分别。无人可养，因此无任务可生，任务只能顺势而为，随遇而安。

老子《道德经》第八章言：居善地，心善渊，与善仁，言善信，正善治，事善能，动善时。意思是说：真正做领导的人，他看到的地方，处处都是好地方，他心里想的样样都是好事情，他面对的人都是好面孔，他说出去的话都是好话，他得到的结果都是好的结果，发挥所长去做事，把握时机，不提前也不推后，做也从容，不做也从容。这是充满爱的领导才能有的状态。只是把下属看成实现自己目的的工具的领导不可能达到这样的状态。所谓爱民如子，爱下属如子，才能心里看到好地方，耳朵听到好事情，眼中见到好面孔。好领导不会因为自己多付出就有一种付出感，也不会觉得自己比下属更有智慧而自大。正善治，善正治，正治善，为证治善，无秽无偏，如水之治，至清至平。心无所欲，心无牵绊；心无所求，心无云烟。顺势而为，随遇而安。

苏东坡被贬谪到海南岛儋州时曾在室内题了一首诗：无事此静坐，一日似两日；若活七十年，便是百四十。苏东坡还告诉朋友：世界上没有任何延年益寿的药能有此效果，既无反胃呕吐和其他副作用，又省药费，并且对人人都有效。只是没有好汤送服，好多人咽不下去。

我们的教育管理学理论中，太多的“成为什么”，太少的“存在”。“成为什么”就会有任务，只是“存在”就没有任务，只有人。实际上，只要有任务，就容易导致人的异化。我们大多数人还在为了“有所为”而无为，这是对无为的错误理解。无为只是“存在”，纯净无邪的“存在”，而不是为了“成为什么”的“存在”。因为存在本身就是价值。成为什么是一种心灵的疾病，存在本身就是生命的意义。

当代社会，人们在教育上最爱说的一句话，就是不要输在起跑线上。几十年前的竞争，一般都是在 18 岁以后发生。而现在，所有的竞争，都提前到高中、初中、小学，乃至幼儿园阶段，甚至是娘胎里。这种竞争态势是非常严峻、可怕的。大家都无法安静下来，都在攻击别人、争抢资源，而且在这个过程中，贪婪的欲望越来越大，与之相对应的是越来越强烈的焦虑和挫败感。这个世界上，所有的资源都是有限的，如果你要，就有人要不到。你不杀伯仁，但伯仁却因你而死，最终的你情何以堪？这个世界上，唯一源源不尽、可以无限制分享给别人而不需要暴力和抢夺的，就是你的宁静、你的喜乐、你的满足。可惜，我们现在无法做到，我们看不起“无为”，我们只要秒杀所有人的“有为”，甚至是“胡作非为”的“有为”，只为碾压其他所有人的“成功”。行为模式的极致无异于“机器人”的争斗模式，而存在模式的极致才是真正的人的存在之道。

“萧规曹随”的历史故事是中国人所熟知的。《史记・平准书》记载：西汉初年，经历了秦末战争，经济破坏严重，物质极端匮乏。皇帝都凑不齐四匹颜色一样的马来拉车，大臣有的坐牛车，老百姓家里连值得藏着掖着的东西都没有，所以极度需要休养生息。因此，汉初从高祖开始，就开始实行“轻徭薄赋”的政策，每年仅仅从华山以东的地区给中央政府官员调拨俸米，不过几十石。吕后（包括汉惠帝）时期，延续了原来的政策。曹参在萧何之后继任丞相，每天只管喝酒，惠帝很担心这样会耽误国事。曹参说：“您不如高祖，我不如萧何，还想制定出比他们更高明的政策吗？”所以政策没有改变，这就是历史上有名的“萧规曹随”。之后的汉文帝，是历史上有名的清心寡欲、从善如流的好皇帝。在位期间基本没有什么大的举动，反而让经济得到了充分的自我发展。

西方经济学中的“看不见的手”也有一些类似“处无为之事，行不言之教”的意味。1776年，英国经济学家亚当・斯密在其《国富论》

中提出“看不见的手”的概念，它的意思是，个人在经济生活中只考虑自己的利益，受看不见的手的驱使，才可以达到国家富裕的目的。其原文说：每个人都试图用他的资本，来使其生产的产品得到最大的价值。一般来说，他并不企图增进公共福利，也不清楚增进的公共福利有多少，他所追求的仅仅是他个人的安乐，个人的利益。但当他这样做的时候，就会有一双看不见的手引导他去达到另一个目标，而这个目标绝不是他所追求的东西。追逐个人的利益，也促进了社会的利益，其效果比他真正想促进社会效益时的效果更大。

老子言“治大国如烹小鲜”，烹小鲜不能翻来翻去，治大国也不能总折腾。在老子看来，少去干预、多去顺应规律，这就是所谓的“无为”，或顺势而为，或无所作为，之后，很多事在不知不觉中，自然而然就办成了，这就是“无不为”。

《道德经》第二十五章写道：“故道大，天大，地大，人亦大。域中有四大，而人居其一焉。人法地，地法天，天法道，道法自然。”《道德经》第三章还说“道常无为无不为”。可见，无为即法“自然”，自然而然则达成无为。违背了自然，有所作为就会变成了无用之功。

道家著作《淮南子·原道训》讲：“所谓无为者，不先物为也；所谓无不为者，因物之所为也。故得道者，志弱而事强，心虚而应当。”它指出“无为”是指事前不预计不计划，不无缘无故地做事；“无不为”是指按照事物自身的规律去做事。得道的人由于意识清静、虚无而不固执，因此对任何事情都能反应恰当，自然也就无为无不为了。

可见，无为的领导才是成功的领导。当这个时代中的所有人都想做成功者，向着成功目标拼杀前进，所有的人都不可能成功。当你的内在信念已经被社会化时，所有的成败都是由社会统一价值观来界定，即使成功，这个人已经不算成功。什么是成功？什么又是成功的领导呢？那些能安安静静、平平淡淡地做自己就是成功了。而成功的领导就是顺其自然、无为无我地去领导，却能让更多的人发挥自己的力量，这种处无为之事、行不言之教的领导才是好领导。

真正的好领导，不是到处抢占资源的领导。而是不去抢、不去争，手里都是所谓的“烂牌”，却能让所谓的“烂牌”发挥最大价值的领导。真正的领导，是可以实现最大化社会价值的领导，而不是那些只顾小组织、小利益、小圈子的领导。把社会上的闲散无业、无技术的人聚在一起，却能带着他们创造社会效益和个人效益的组织，才是真正有意义、有价值的组织。相比那些以部门利益、集团利益为重的组织领导，无论钻营得多么成功，都是不足挂齿的、狭隘的领导行为。

3. 领导权变论与无我无为：不要因为教育而变得世故

领导权变理论主要研究在不同的具体情境下，应该采取什么样的领导风格这一问题。东方的中国哲理更相信，任何具体情境里的一切矛盾、一切纠结，其唯一应对之道，就是做自然的反应，成为最真实的自己，与自己的本心相一致，而这个本心必须是真、善、美。所以当你选择做领导的时候，要问自己，你从权力欲中解脱了吗？你从成功欲中解脱了吗？你已经能够平等看待人了吗？

（1）领导权变理论的主要观点

最具代表性的领导权变理论主要包括：费德勒的权变理论；豪斯的途径目标理论；领导生命周期理论。

费德勒（Fred Fiedler）的权变理论（Contingency Theory of Leadership）认为影响领导风格的情境因素主要有：职位权力、工作任务结构、领导者与下属关系。职位权力是组织为了完成工作目标而授予领导权限；任务结构是目标绩效标准化、具体化的程度；领导下属关系是领导者受群体成员接纳尊重的程度。费德勒认为，只有群体是支持性的，领导者才能清楚做什么和如何做，组织授予领导者奖惩组织成员的方式、方法的时候，领导者才能真正拥有更多的控制力和影响力。这一理论开发出领导能力自我评估体系，即最不受欢迎的共事者量表

（Least-Preferred Co-worker Scale，LPC）。在 LPC 量表中，得分高的领导者被视为关系取向型领导，得分低的领导者被视为任务取向型领导。最受欢迎的情境具有如下表现：良好的领导者－成员关系、明确的任务、强的职位权力；最不受欢迎的情境具有如下表现：领导者－成员关系差、任务不明确、职位权力弱；中度受欢迎的情境则介于二者之间。LPC 认为任务取向性的领导在最受欢迎情境和最不受欢迎情景下都有领导效能。关系取向型的领导者在中度受欢迎的情境很有效（如表 4-1 所示）。

表 4-1　LPC 权变模型的关系

八种情境	领导者—成员关系	任务结构	职位权力	有效领导
1 非常有利	好	结构化	强	低 LPC
2 非常有利	好	结构化	弱	低 LPC
3 非常有利	好	非结构化	强	低 LPC
4 中等有利	好	非结构化	弱	低 LPC
5 中等有利	差	结构化	强	高 LPC
6 中等有利	差	结构化	弱	高 LPC
7 中等有利	差	非结构化	弱	高 LPC
8 非常不利	差	非结构化	弱	低 LPC

豪斯（Robert House）的路径－目标理论（Pathgoal Theory）认为，指导型的领导适合于当任务合乎下属的意愿但不够清晰时；支持型领导不适合当任务本身令人愉悦或环境压力不大时的情境；参与型不适合工作单元的各种工作不相互依存，不鼓励协作，不需要共同负责的工作情境；成就取向型适合于下属对其工作各自负责和控制工作情境。

赫塞（Hersey）和布兰查德（Blanchard）的领导生命周期理论，这一领导模型开始关注下属成熟度，把领导风格和下属的发展水平作为两个分析维度，以便更好地诠释权变领导的情境变化。对于低能力、低意愿的下属，领导者的行为应该“少支持”“多指导”，领导风格是指示型；对于低能力、高意愿的下属，领导者的行为应该“多支持”“多指导”，领导风格是推销型；对于高能力、低意愿的下属，领导者的行为应该“多支持”“少指导”，领导风格是参与型；对于高能力、高意愿的下属，领导者行为应该“少支持”“少指导”，领导风格是授权型。高指导－低支持的指导型，领导主要是针对目标的实现，向下属说明目标是什么以及如何实现，并认真监管。高指导－高支持的教练型的领导既集中于目标的实现，同时通过征求下属意见和下属参与的方式满足下属的社会情感需要。高支持－低指导的支持型领导并不专注于目标，而是运用诸如称赞、倾听、反馈、征求意见等支持性行为促进员工改进工作、完成任务。低支持－低指导的授权型领导对任务很少指示，也不提供支持和提高下属的积极性，也很少参与计划控制等。主要由下属全权负责，按照他们觉得适合的方式来完成工作（如表 4–2 所示）。

表 4–2　赫塞、布兰查德领导生命周期理论

下属成熟度	领导者行为		领导风格
	支持型	指导型	
低能力低意愿	低	高	指示型
低能力高意愿	高	高	推销型
高能力低意愿	高	低	参与型
高能力高意愿	低	低	授权型

学校领域里，权变框架对教育领导理论存在一定的理论影响，如马克·汉森在其书中用权变理论分析教育领导者的训练与安排。也有少数研究运用菲德勒的 LPC 问卷开展实证调研。博塞特（Bossert，1982）设计了一个专门的权变模型来描述和解释校长的教学领导行为。

这一模型假设个人的、学区的和外部环境的特征会对校长的管理行为产生影响，而校长的管理行为会因此影响学校氛围和教学组织。然后，学校氛围和教学组织会形成促进学生学习的教师行为。赫克、拉森等（Heck，Larsen，1990）对这一模型进行了实证校验，为这一模型的基本假设提供了有力的支持。

领导权变理论突破了只关注领导个人的单一层面，开始关注领导情境因素、下属与领导之间的关系等层面，开发各种假设下的领导模型。这一时期的领导理论，也从关注领导力及影响力本身，扩展到更为广泛的层面和意义上。

（2）对领导权变理论的反思：那些分门别类、那些矛盾是否真的存在

领导学应该是追求最真、最美、最善的理论，然而，我们却把领导学变成研究如何交易的学科，变成研究如何做一件互惠互利的事的学科，这样的领导学是渺小与俗不可耐的。

而且我们还常常为了迫切得到我们想要的东西，而把领导理论的研究权变化、模式化、模型化。为了便于处理，我们的权变、模型、模式既生硬又粗糙，从而使领导学变得索然乏味，完全丧失了美感。

艺术家创造美的时候，是没有“我”在里面的，只有爱和美，这就是艺术，艺术就是“我”的缺席。那么依此类推，我们该怎样理解领导的“无我”？领导的艺术是不是也是“我”的缺席？无我，才是领导的真境界。

常见西方的领导理论纠结于选择制度，还是选择人情？关心人，还是关心任务？重视关系，还是重视生产？重视战略领导，还是细节管理？讲公平，还是讲效率？采取赶羊模式，还是放羊模式？更加自由，还是更加保守？追求创新，还是发扬传统？偏重竞争，还是偏重合作？着眼于合作的效果，还是目标的效率？求稳定更加合理，还是寻变更有活力？应该大一统，还是应该分而治之？实施专权，还是实

施分权？是科层式官僚决策好，还是参与式决策好？参与讨论效果更好，还是下达命令效率更高？激进式改革，还是渐进式变革？树立权威，还是倡导自由？绩效问责，还是人文情怀？开发人力资源，还是关注人的主体性？信息流动起来的价值高，还是控制和保持纪律的价值高？应该重技艺科学，还是重艺术人文？投资人的利益为重，还是参与者的利益为重？重组织文化，还是重制度设计？……

权变是为何？人在权变中是被隐去了，还是被更关注了？如果权变是一种交易，为了获得某种好处，那么这种权变领导岂不是领导的厚黑学？并且是谁高高在上地判断领导的情境，判断下属的状态？谁可以如此给下属的状态作出带有歧视意味的价值判断？领导又凭什么有这个评判的特权？另外，模型化的东西是死的，而人与人之间的关系是变动的、是活的，如果以生硬死板的态度进行领导，能领导出活力和积极性吗？要把尊严还给每个人！

权变理论的情境因素主要有职位权力、工作任务结构、领导者与下属关系这三大情境因素。但这种分类方法完全不适用于学校教育。我们必须考虑，是否依照“人”“任务”“环境”因素进行“权变”就能提高所谓的领导效能呢？权变理论对于“领导者”自身来说是一种“管理技能提升”还是一种“管理权宜之计”呢？权变是否是一种以绝对的结果导向、表面的外部和谐来代替掉内在矛盾的真实解决和内在和谐的真正实现呢？

以工作任务结构为例，在学校领域，工作任务结构是复杂的，标准化的工作任务基本不存在。但现实是，我们把工作全部标准化。这样错误的标准化领导行为单一化评估我们的复杂工作，绩效工资和评优评先制度用课时费、发表的论文数量、是否担任班主任或中层领导、上公开课的次数等来计算、衡量，不仅造成低尊严的“发展”，而且造成没有协作合作氛围，单打独斗、孤立前行的现象。在教学方面也是如此强调标准化、统一化：统一的入学年龄、统一的学科划分、统一的教材、统一的课表、统一的考试。这样的教育是流水线，还是育人的教育？是要培育出一个个活泼的人，还是把人当成机器或机械来培养？这并不是一个可笑的质疑，而是一个让人沉思的现实。“最近这两年，因为一只叫阿尔法的狗（*AlphaGo*），我们每个人都或主动，或被动地注意到了人工智能。在我看来，人工智能对人类最大的意义就在于，帮助我们反思‘何为人’；而教育的意义正在于帮助我们‘成为人’。可悲的是，近百年来，教育起到的实际作用却是让我们成为机器”。[34]

以领导者与下属关系这一情境因素为例，领导高高在上地判断下属的意愿如何、能力如何，一个在上、一个在下。现实中，我们的领导与下属的关系也确实是一个在上、一个在下，身居领导之位的人被看作智慧的人，下属被看作没有智慧的机器。这种关系和这种错误的假设，可以上溯到教委与学校校长、校长与教师，下溯到教师与学生、班级干部与普通学生……而这种关系导致我们教育的最大问题就是：教育既没有动力去响应未来的变化，也不愿意去适应人的发展的需要，而是反过来让每个个体去适应它。

我们的教育制度把学习当成了施加给学习者的事情，而不是鼓励和支持学习者为他们自己去做更好的事情。这种教育制度默认的前提是学习者自己不知道为什么要学习、不知道自己要学什么，就算知道也不重要。所以当有学生问“我们为什么要学这个”的时候，老师经常的回答是：“你以后就明白了”。这个前提会顺理成章地得出一条推论：学习是痛苦的，学习者一定是不喜欢学习的，所以教育必然是一种外在的强制力，压迫学习者去学习，毫无自由可言。在这样的制度中，上到教育部，下到每一个老师和家长，都在代替学生设置学习模式和目标，规定了每一种教材，安排好每一个步骤，设定了唯一的评估标准，不能跳级、不能试错、不能掉队；我们从来没有机会为自己的学习订立目标、摸索方式、寻找伙伴……，我们从来没有自由地学习过，也从来没有在学习中学会自由。有人说，教育技术的应用使我们更自由了。但是实际上，目前许多的教育技术应用不过是把原来的应试教育包装得更有趣、更高效，而不是更自主、更灵活。比如有些号称使用了人工智能的教学平台，和《今日头条》的内容分发、各类电商的自动推荐等没有区别，本质上是一个传统填鸭式教学的超级版：技术代替老师，为你做决策、帮你做判断、喂给你内容、帮你提分。[35] 以这种状态而言，哪里有对知识的质疑、知识的更新换代和知识的创造呢？

一位研究生非常认可自己高中班主任的领导和管理，他说："我可以骄傲地说，高中三年，我们学校没有哪个班级能像我们班那样团结一心，因为我们有一个懂得领导之道、懂得教育管理的好班主任。高中生活的节奏其实是非常紧凑的，在这种强压力和快节奏之下，班主任并没有像大多数其他老师一样，将学生囚禁在教室的笼子里，反而顶住学校领导的各方压力，努力为我们争取到体育课、音乐课和阅读课的机会，一直坚持到我们高三毕业。虽然高三期间，各科老师都恨不得把每一分钟都利用起来，让学生背书、做题。但班主任始终认为，人的任何一年、任何一个阶段都不应该被神化或妖魔化。他经常对我们说的一句话就是：'如果大家习惯了在需要付出努力的时候毫不保留地付出，就不需要在高三关头咬牙切齿、扛过难关''该努力的时候尽力了，就不值得后悔'。总之，他一直要我们用正常的心态来对待高三，无须因为外界的影响而给自己太多的压力和干扰。因此，在他的坚持下，我们班在高三阶段，不仅每周两节的体育课照常上，而且还变着花样上。班主任特意为大家安排了一位刚来学校不久的年轻的体育老师，带着我们学习瑜伽，认为这是放松我们学习压力的好方式。音乐课老师也拗不过他，每周照常来给我们上课。每天下午上课前的十分钟预备时间，每个班级都要合唱来提提神，可以说我们班是全校曲目最为丰富、合唱水平最高的一个班。因为班级位置在一楼，几乎所有经过的老师都会驻足聆听，这也成了当时学校里的一段佳话。此外，我们每周还安排了自由阅读课。班主任一方面希望通过定期的阅读分享扩展我们的知识面；另一方面是由于当时学校是封闭式的寄宿学校，大家平时一个月才能回一次家，而且还三令五申不让往学校里带手机。因此，老师认为让我们通过阅读新闻期刊、报纸等了解时事热点和社会发展是十分必要的。事实再一次证明，班主任的这种安排是十分明智的。随着教育改革的不断推进，开阔的思维和广泛的知识视野对于个人发展和成长来说越来越重要。如今，应当十分感谢班主任当时的坚持，才有了今天的我们。除此之外，班主任也十分重视对学生人格的培养。我们不仅需要学习知识，更要塑造和完善自身的人格。高考压力再大，也切莫用什么‘高三就是往死里学’这样的话来麻痹今天的学生，拥有健康的心理和人格对于人的一生来说至为关键。班主任坚持每个月邀请其他任课老师一起组织一次有趣的班级活动，有时候是一场精彩的室内辩论赛，有时候是一次轻松的室外活力赛。总之，在班主任的领导和管理之下，整个班的学生和教师队伍都如同家人一般和谐，凝聚在一起。即使是三年、甚至是多年过后，我们依然对待班主任如同自己同龄的朋友，和其他任课教师如同亲密无间的家人。这种人格的塑造和感情的培养，对我们来说，是比所积累的书本知识更为重要的一生的宝贵财富。经常也会有其他老师或了解学校情况的家长羡慕我们的幸运，能遇到这样一位有想法、有坚持的班主任。如今站在学校管理的角度来看，虽然这位老师并没有走到学校的管理层，但是他的一些教育管理思想和理念是非常值得称道的，甚至是某些学校管理者都不曾拥有或坚持的东西。学校作为衔接学生和社会的桥梁，不是依靠培养尖子生或提高升学率就可以完成对每一个孩子一生的影响和塑造。学校管理者应当有自己独特的教育精神和管理理念，并且能在教学实践中有自己的坚持与坚守。如何在一定的不可逆转的外界环境条件下，让自己的教育理念和管理实践为学生开辟出一块成长的天地，这是每个学校管理者都需要深思的问题。好的学校管理不是希求‘今天种树，明天结果’，更不是被政绩压力牵着鼻子跑，而是在和学生的相处过程中，让教育管理者的正确理念都能够细水长流。这就是从一位不知名但却有着自己教育情怀的班主任身上有幸得到的思考和启发。”

社会并非不同于我们，是我们建立了它。我们即社会。权变，顾名思义，墙头草，两边倒，这是机会主义者的应对之道，是左右逢源、见风使舵、变色龙之类的人，这类人没有自己的立场，曲意逢迎、如蚁附膻。以权变来定义领导理论是丑陋的，不过是心摩意揣，虑计神筹，投其所好，曲意逢迎 ，目的是通过迎合和交易换取自己期望的结果。权变是丑陋的，被权变化更是丑陋的。没有比不能做自己更让人无法忍受了。我们应该用大量的篇幅来考虑领导者个人发自内心的真诚坦言和言行一致对追随者的正面影响，也应该好好思考一下组织中的领导如何更好地给予下属自由，使下属更好地发挥自主性和创造性。

圣人事简省而治，求寡少而达到富足。老子〔文子〕曰：人主之思，神不驰于胸中，智不出于四域，怀其仁诚之心，甘雨以时，五谷蕃殖，春生夏长，秋收冬藏，月省时考，终岁献贡；养民以公，威厉不诫，法省不烦，教化如神，法宽刑缓，囹圄空虚，天下一俗，莫怀奸心，此圣人之恩也。夫上好取而无量，即下贪功而无让，民贫苦而分争生，事力劳而无功，智诈萌生，盗贼滋彰，上下相怨，号令不行，夫水浊者鱼，政苛者民乱，上多欲即下多诈，上烦扰即下不定，上多求即下交争，不治其本而救之于末，无以异于凿渠而止水，抱薪而救火。圣人事省而治，求寡而赡，不施而仁，不言而信，不求而得，不为而成，怀自然，保至真，抱道推诚，天下从之如响之应声，影之象形，所修者本也。

这段话的意思是：作为一国之君，要不劳思虑，不炫耀个人智能，安静不急躁而以静制动。胸怀仁诚之心，好雨就会按时而降，如此则五谷蕃殖，春生夏长，秋收冬藏。每月按时观察考核，年终献功，养育百姓兼爱无私，威容严厉而不训诫，法律省却而不苛繁，教化如神喻，法令宽，刑狱缓，则监狱空虚，天下同俗，不怀奸心，这就是圣人所施的仁惠。国君好攫取并贪得无厌，则臣下便贪功而不让，百姓贫苦而纷争生成，下再大的力气去治理也是辛劳而无功，智巧奸诈萌生，盗贼越来越多，上下相互抱怨，政令便无法推行。水质混浊鱼口就要露出水面，政令苛峻百姓就会骚乱，国君多欲望，臣下就多狡诈；国君多烦扰，臣下就多不安定；国君多贪求，臣下就多纷争。不整治其本而救治于末，无异于凿渠而止水，抱薪而救火。圣人事简省而治，求寡少而达到富足，不施而仁，不言而信，不求而得，无为而成。胸怀自然之性，保持至真之情，秉赋道德推行精诚，天下无不顺从，就好像声音的回声，影的象形一样，这才是治理的根本方法啊。所以说：圣人事简省而治，求寡少而达到富足。

（3）现实中那些权变之变

在中考 3+X 思想的指导下，有些小学也开始效仿搞课程走班制。但这种走班制是根据学生成绩来划分的，所谓快乐提升班其实是成绩提升班，阳光乐学班是成绩基础班，而幸福成长班则是居于其中的成绩中间班，形成两头小中间大的纺锤形。这种走班制，实际上只是形式上走班，是重点班、非重点班的变形，这种设计思路绝对是应试教育“怪胎”。与我们培养 T 型人才和多元智能下的不同智能发展偏好的理念是完全违背的。现在很多学校进行的改变，还是在应试教育的老路上做些小的修修补补。这种权变思想不能真正按照教育本质来进行教育教学，这样的权变思想完全不合“道”。我们必须考虑，领导者本身对权变的领导方式选择是不是因自我需要而过于仓促和盲目。还有一些无法权变的因素，比如教师的个体特点、学生的现实条件等该如何权变？！

作为一个领导者，如何判断老师是否缺乏相关经验、相关意愿？如何判断教师某一项工作是完全无意义的？这些判定是否可以量化？是否具有一定的信效度？况且，作为一名领导者，如果总是审时度势地调整学校战略，会不会导致教师工作方式和内容的随意变化？例如当前比较热门的传统文化进校园，以及中小学学生“核心素养”等文件的下发，导致校长在学校战略层面出现跟风、追风现象，这些权变之变从长远意义看是否是必要的？

（4）东方的中国如何看待美好的“领导权变”：有我 or 无我

老子《道德经》第七章言：天长地久。天地所以能长且久者，以其不自生，故能长生。是以圣人后其身而身先，外其身而身存。非以其无私邪，故能成其私。

用白话解读这一章就是说：天地之所以是长长久久的，是因为它没有一个让自己生存长久下去的“自我”，所以能长生长存。作为领导者也是一样。真正的领导者没有“我”的概念，所以才能站在领导的位置上。他没有一个小我的概念，所以才能拥有一个和天地一样大的大我。有了天地的大我，哪里还有矛盾的事情，事情本是一，从来不是二！

老子《道德经》第八章言：上善若水，水善利万物而不争，处众人之所恶，故几于道。夫唯不争，故无尤。

用白话解读第八章就是说：一切矛盾、一切纠结的唯一应对之道，就是做自然的反应。至高的善像水，滋养万物，但从不争夺利益，她总是去往别人都不愿意去的地方，因为这样，才接近道的品质。有些矛盾的出现不是因为矛盾本身，而是人执着于利益。只有内在和谐的人才能传递出真正的外在和谐。

从道德经看领导的权变之道，一切矛盾、一切纠结的唯一应对之道，就是做自然的反应，成为最真实的自己，而非根据外部环境来调整自己的领导风格。道家更注重的是个人内在的成长，而非外在环境或结构的变化。是人的内在决定外在环境或结构，而非外在环境或结构决定人。

我们需要深度理解领导的无我。无我的人，才能无为；无为的人，才能无我。这二者是同一件事不同形式的表现。这同一件事都是放弃了自我，放弃了自我的领导才是有能力爱的人，没有自我的爱才是宽广、不朽和深远的。

教育领导的作用，不是使你去适应它或者适应社会模式，相反，它应当帮助你去彻底、深刻、完整地突破其束缚，只有这样的领导，才能避免成为一个傲慢自大世故低俗的人，而成为一个拥有纯净无邪信念的真领导。

《文子》里记录了老子这样一段话："执道以御民者，事来而循之，物动而因之。故道者，虚无、平易、清静、柔弱、纯粹素朴，此五者，道之形象也。虚者，中无载也；平者，心无累也。嗜欲不载，虚之至也；无所好憎，平之至也；一而不变，静之至也；不与物杂，粹之至也；不忧不乐，德之至也。夫至人之治也，弃其聪明，灭其文章，依道废智，与民同出乎公。约其所守，寡其所求，去其诱慕，除其贵欲，损其思虑。约其所守即察，寡其所求即得，故以中制外，百事不废，中能得之则外能牧之。中之得也，五藏宁，思虑平，筋骨劲强，耳目聪明。大道坦坦，去身不远，求之远者，往而复返。"

这段话的大意是说：不要干涉人们的生产生活，不要一味追求所谓的丰功伟业、权力霸权。治理的要点，在于减少其贪求，去掉其名位势利，除却其嗜欲，减少其思索忧虑。掌握了守道的要点就会做到明察，减少其贪求就会有所得。所以，以内制外，就会百事不废，得到百姓内心的拥戴。内心得到了道的真谛，人的五脏就会安宁，思虑平息，筋骨强壮，耳目聪明。大道坦荡，并不艰险，距离你的自身也并不遥远，盲目前往远方的人是寻找不到的，在自己身上寻求，就会得道于心。

4. 领导新理论与无我无为：自然而发的真善美

领导新理论是各种真善美观念的引领。不过，刻意强调真善美观念并不自然，自然而然发出的真善美才是真正的真善美。中国文化向来是一种内求文化，一切向内在寻找，在个体的内在超越，强调自我修行和成长，看重内在经历和心智的自然成长。而西方文化则是一种外求文化，用外在的高标准引领人，强调超越他人。这样的外求和外显或许可以起到“立竿见影”的效果，但对一个人的内在并没有实际的帮助，这其中所蕴含的道与原理是需要用中国哲学来细细品味的。

（1）道德领导理论与无我无为

受企业管理及市场经济法则的影响，崇尚“效率”的学校管理和领导方式通过奖励和惩罚刺激教师对工作投入的程度，以实现教育领导与管理者所追寻的“效能”。但持续不断的正强化和负强化刺激，使教师工作质量低下的状况成为较为常见的管理问题。随着管理和领导理论的发展，在“以人为本”哲学理念的驱动下，注重人际关系和员工心理的领导管理理论不断涌现，领导者的道德品质及道德行为以及员工自身价值观对工作投入的影响问题进入到人们的视野。道德领导是美国当代教育管理学家托马斯·J. 萨乔万尼经过对教育领导问题的长期研究所提出的学校道德领导思想。该思想对当今教育管理理论和实践有很大影响。萨乔万尼在其《道德领导：抵及学校改善的核心》一书中说，绝大部分失败的领导只是停留在结果评估、个体的顺从表现、组织的效能等方面，只有关注人的心灵、关怀人、注重专业和道德权威的道德领导，才能够获得足够多的下属主动且恰当的回应。萨乔万尼认为，真正的学校道德领导是构建各种领导替身，而不是用权力凌驾他人；是发挥道德权威，而非使用科层及心理权威。只有如此，才能使人们成为“作出内在回应的人”。[37]

萨乔万尼在《校长学》中还论及“为奖赏而做”“为正在得到的奖赏而做”“为美好的东西而做（为值得的东西去做）”三类工作方式。为奖赏而做，主要来自外在动机的驱动，太过表面，不容易发自内心而做，不容易持续和保持；为正在得到的奖赏而做，看重当下的体验，而不是未来的结果，来自内在动机驱动的成分更多一些，是比较好的工作行为；为值得的东西而做，不是由别人做出选择和决定，而是来自自己的内在评价和感受，且关注高尚的价值追求，也是一种比较好的领导状态下才能出现的工作方式。

萨乔万尼还论及“作出内在回应的人”是“为正在得到的奖赏而做”的人，而不是“为了奖赏而做”。教师们对学习共同体的共享价值盟约的内在响应、对专业理想的承诺、对充溢工作状态的体验、对具有专业美德的团队精神的分享，这四种领导替身（Substitutes for Leadership）正是“正在得到的奖赏”。还有感性经验、直觉、情感、价值观是超越世俗权威、科学、演绎逻辑、物质奖赏的道德领导价值体系基础。相比敦促人们关注责任与义务，不如使人们关注自主决定权，这是道德领导最终实现自我领导的自然结果。本文理解的道德领导包含四个维度（如表 4-3 所示）：维度一，与自我的同一关系，即个人德行修养（校长个人的道德品质与修养）；维度二，与他人的人际关系，即以人为本（校长关心教师和学生的生活、学习、成长和发展，不关注成绩、升学）；维度三，与组织的工作关系，即替代领导（校长明晰学校的目标和愿景，了解工作的意义和价值，促成形成共同体，引导教师有信仰、有信心、相互信任，激发教师工作的主动性和积极性）；维度四，与社会的循环关系，即反思取向（校长的所作所为坚持生活取向和反思取向。不仅运用教育专业身份贡献社会，而且作为普通公民参与社会）。[38]

表 4-3　道德领导量表

维度	题目
德行修养（个人道德）	1. 他是一个诚实的人。
	2. 他是一个值得信赖的人。
	3. 他是一个不畏强势，敢作敢为，坚持正道的人。
	4. 他对自己所做的事情负责，从不推卸责任。
	5. 他不在意个人利益，做事从大局出发。
以人为本（人际道德）	6. 他为人和善，平易近人，容易相处。
	7. 他关心教师的工作、成长与生活，并真心提出建议。
	8. 他善于化解压力，给师生们安全感。
	9. 当老师工作表现不佳时，他会想办法去了解真正的原因。
	10. 他非常擅长授权给他人。
	11. 他是教师自主教学和自我管理的帮助者和促进者。
	12. 他会让教师参与任务目标的制定和决策。
	13. 他对不同的观点和多样性持开放态度。
	14. 他对教师的处理决策前后一致，并有合情合理合法的标准。
	15. 他公平公正地对待每位老师。
替身领导（组织道德）	16. 他采取多种多样的方式与教师们分享学校未来要达到的目标。
	17. 他经常提及和说明教育的伦理和价值。
	18. 他带头做学校及教育工作者应该做的事，而不是领导安排的事。
	19. 他会分享自己在教育工作上获得的价值感和意义感。
	20. 他会经常分享自己的工作经验，如与不同个性学生的相处之道。
反思性实践观（社会道德）	21. 他知道学校对于社区的责任，并使学校的资源向社区开放。
	22. 他积极参与社会公益事业。
	23. 他的所作所为站在有利于生态环境和人类社会发展角度。
	24. 他知道教育对生态环境发展的意义。
	25. 他知道教育对人类社会发展的意义。

（来源：楚红丽，方晓乐．中小学校长道德领导对教师工作投入的影响研究：工作价值观的调节作用 [J]. 教育学报，2017（6）：60-63.）

对道德的理解可以分为两类：一种理解是，道德关乎社会化行为中的伦理道德尺度，可以用来指导个体在群体人际关系和组织关系中的社会化行为；而另一类道德则更关乎自然之道、宇宙之律。第一类以孔孟儒家思想为代表，他们更为侧重和强调的是道德的政治功用和人伦关系。如《孟子·公孙丑上》中“以德服人者，中心悦而诚服也”，《论语·为政篇》中讲“为政以德，譬如北辰，居其所而众星共之”。第二类是以老子为代表的道家思想，认为道德不是一种“功用”，“德”本内于心而非通过克制压抑或者迫于奖罚，道德不是通过教化和灌输，而是通过激发人自我的觉醒和反思来实现道德本身。《道德经》第十九章说“绝圣弃智，民利百倍；绝仁弃义，民复孝慈”，即不去宣扬所谓的圣智礼法，才是对人们有利的事情；抛弃仁义道德说教，人们才能恢复孝慈的天性。因为有道德者不是虚伪的“做”者，圣人的慈、俭、让是他本性所持有的，真正道德中的人并非高尚，只是做他自己而已，即人不能为了构建关系或者实现某个目标而“道德”，不能把“道德”贬低成一种交易的筹码和道具，道德与自我是合一的状态，而不是一种自我分裂和克制压抑。

道德领导的反面形象就是不道德领导。约翰·加德纳（John Gardner）提出了五种类型的不道德领导：第一种类型的不道德领导者是对下属残忍，他们强调强迫控制，包括心里恐吓，基于合法权威地、公开地命令下属服从，如果不服从，就进行暴力威胁；第二种类型的不道德领导者，他们对待下属很好，但是鼓励他们去伤害其他人；第三种类型的不道德领导者，总是利用怀疑、恐惧、仇恨和报复来激励他的下属；第四种类型的不道德领导者，愚弄他的下属，使下属产生依赖性，并抹掉他们的成熟判断；第五种类型的不道德领导者，破坏文明社会自由平等的进程。

美国的一些公共服务团体强调以四法验证来保证合乎道德的领导行为规范：①它是真理吗？②它对所有的相关者都是公平的吗？③它对

所有的相关者都是有利的和有益的吗？④它将在所有的相关者之间建立友谊吗？

总结来看，西方的道德偏重于伦理道德尺度和人性情感。而东方的道德则更关乎自然之道、天意之道、宇宙之律。只关注伦理道德和人性情感，只是“表”，自然之道、宇宙之律才是“里”。治标不治本的做法是无益的，只能解决表面的问题，而不能解决本源的根结。这就是为什么我们的组织管理只注重表面的情感和个体的行为，却只能让人心更为浮躁、更为迷茫的原因。

道德教育上的垄断、思想教育上的狭隘，只会阻碍人的主体性和心智，所以违背本性的道德教育和纪律训诫是假道学、伪道学，灌输得来的道德和纪律也是假学道、伪学道。

“天下皆知美之为美，斯恶已；皆知善之为善，斯不善已。”如果天下人都一样美，人们也就不认为这样是美了。如果天下人都一样大公无私，人们也就不认为这样是善了。之所以有美男美女，是因为有丑男丑女。美人太执着于自己的美德，就会虚荣伪善。有德之人太执着于自己的美德，就会导致诸如暴力慈善、正义幻觉、道德绑架等种种社会问题。

教育家钱穆的观点也可以为我们思考当代儿童道德及纪律领导提供反思的基础。钱穆曾言：“我见过许多大学有经费，有规模，局面大，各种设备亦齐全；好像是有了制度，却无精神、无理想。”这样的制度只是摆设性的制度，而不是支撑理想的制度。道德及纪律领导，以及为了这种领导而建构的各种制度，也是同样的道理，如果我们有了各种管束人、约束人行为的制度，但是却没有支撑理想，维护童心、真心、本心的大制度，那么各种道德和纪律领导就是打着正确的牌子，走着错误的道路。

钱穆还认为，中国儒家教育是一种道德精神，并且是一种以尊重人格为主的道德精神。所以学校在制度化的过程中应确保“每一制度的确立，都是一种师生相互人格尊重的表现”。道德和纪律制度如果不能尊重被教育者的人格，那么这种缺失了道德及自律精神的制度就是如同暴君般的存在，对人的伤害是相当大的。

康德讲过道德的最高原则。康德的道德诫命得以形成的基本前提是，实践诫命的主体是理性存在者。这意味着，只有具备了基本的理性，并且得到理性的良好引导，才可能具有操守诫命的能力。无疑，在万物中，只有人才具有良好的理性，其他一切生物，如大猩猩等，虽有一定的理智，但它们依然受着最为根深蒂固的本能的影响，因此即使有理性，也受制于物欲本能，而人的理性则可以超越动物本能，使人能够过一种明智而高尚的生活。

康德在坚持道德律的纯洁上达到了苛刻的地步，根据他的道德诫命，一切物欲和偏好都是伪诫命（哲学意义上的伪诫命），这些伪诫命或许可以通过一些手段促进真正的道德诫命的实践——比如，为了不让自己在某些时候偷懒，我让朋友随时监督我，一旦发现我偷懒，就对我罚款，于是为了躲避罚款，我一直勤奋学习；或者虽然老板不在，我也会担心被其他同事发现自己在偷懒，影响到自己的勤奋形象而一直努力工作等等。这样的实践在康德看来还不是真正的诫命，因为它们都是他律的。

康德认为，一切他律都不可能是理性存在者的最高道德原则。康德的道德观表面上无比严苛，但同时也把一切理性存在者的尊严都返还给了自身。由于最高的道德原则必然源自理性主体，说明理性存在者的理性就拥有了至上的尊严。所以当我们与一切外在的戒律，比如基督教的，佛教的，道教的，社会的，政治的，家庭的等一切戒律产生冲突时，居于决定性重要地位的，就是我们理性主体的诫命。这和王阳明的“致良知”具有某种深层的相通性，但仍然存在差别。“致良知”虽然强调反求诸己，但它是植根于经验的，而康德在道德的最高性上，甚至是反对经验掺和的。

康德的道德观是在道德领域里把人的尊严都返还给了自身，即他所说的理性主体。这与《童心说》的作者所言有异曲同工之妙。无论是任何最高准则的道德，都要回归到与个体真实本性的回应。一个有道德的人是自由的人，而不是自觉的人。自由而非自觉的处在道德律中的人是自由的，不是刻意的。因为他是自由的，所以他绝不会给人有道德绑架的感受。

从上面的“理”论上看，儿童的纪律管理及道德领导最忌讳说教和经验推理。真正的秩序来自主体的理性意识，真正的道德来自自然的本性。每一个人都是一个独立的个体，所有大众接受的观念最终都要经过每个独立个体的过滤、筛选，最终形成的观念，是抛弃了社会及他人影响、属于自己的观念。社会、他人的观念和行为无论多么完美、多么合理，都不是一个独立个体被动选择的存在形式。换言之，独立的个体凭借自己的了解、领悟及本性做出回应，而不是根据社会的制约做出回应。所以，无论各方面的社会力量如何塑造一个人，最终的形成，归根结底要取决于“我”，取决于真正具有主体性的独立个体的自我选择。因为人的信仰唯有通过自我觉醒来实现。

过于刻意灌输的文明很容易拆解掉儿童建构的主体性。同时也裹挟走了儿童的天真和自然本性。作为教育者，我们要时时叩问，我们是不是用现实、用真相来呈现一切。第一，在对儿童的纪律管理及道德领导中，教师是否说“关于自己的真话”（是否是真言者／言真相者）？第二，在对儿童的纪律教育及管理中，儿童是否认为或者承认教师所说的话语是“真话”（是否被承认其真言真相）？第三，在对儿童的纪律管理及道德领导中，教师是否以讲真话的形式来进行纪律道德教育（是否是真言真相）？第四，治理他者是否也在治理自我？第五，对儿童的纪律管理及道德领导是不是变成了一种控制或一种习惯？

我们也要常常自省并反思，他人是怎么看待学校里的儿童纪律教育的？他们都有哪些想法？当你在学校做学生的时候，你对施加给你的纪律和道德领导有什么样的感受？哪些是你喜欢的，哪些是你不喜欢的，为什么？常常反躬自省，才有助于走在正确的道路上。

正如老子〔文子〕所说：神越者言华，德荡者行伪。至精芒乎中，而言行观乎外，此不免以身役物也。精有愁尽而行无穷极，所守不定而外淫于世俗之风。是故，圣人内修道术而不外饰仁义，知九窍四肢之宜，而游乎精神之和，此圣人之游也。

这段话的意思是说：议论太多，注定行不通，还不如保持适中。抛弃那些文化学识，才能免于忧患，抛弃了聪明和智慧，人民才有百倍的利益。只有回到原始状态，才是从根本上治理国家的好办法。人生而寂静，这才是自然的本质。受物质利益的引诱而有所行动，就会破坏先天恬静的本质，是对人性的祸害；智慧与物质利益相接触，好恶之念也就得以生成；好恶之念表现出来，智慧就会被外界所引诱而不能返回本性，于是人的自然之性也就泯灭丧失了。

圣人不应以人力去改变自然生成的状态，内心要保持其自然之本性，能达于道的人，才能恢复到清静的自然之性。而穷尽于物质利益的人，汲汲营营到最后仍是碌碌无为。以清静的自然之性养护智慧，以淡漠的性情调和精神，就能够停息在大道之上，遵循着自然之理就能让精神与道同游，不背离大道而使性守虚静，而顺乎人事。让智慧与物质利益相接触，便会生好恶之念，好恶之念便会破坏清静，扰乱本性，跌入到俗尘之中。

所以，圣人不以人事扰乱自然之理，不以贪欲破坏自然之性，不事谋划，临事顺从自然而治，自会得当，不言而有信，不虑而有得，不为而有成，无为而无不能为。这就是圣人虽在人民之上统治，而人民不感到有负担；在人民之前领导，而人民不认为有妨碍的道理。天下的百姓都归顺他，奸猾邪佞之人都惧怕他，因为他不与天下的万物相争，所以天下没有人能争得赢他，也没有人敢于同他相争。

（2）服务领导理论与无我无为

服务领导理论（Servant Leadership）又称为公仆型领导，最早由麻省理工学院的格林里夫（Greenleaf）教授于1970年在其著作《服务型领导》（*The servant as leader*）中提出。服务型领导理论认为领导者应以服务为先。领导者首先是一名服务者，乐于服务而不是控制他人，将员工和顾客的需求、期望和利益放在第一位，而不是把拥有个人特权和获得物质财富作为目的。他不是高高在上，而是低姿态的；他是在边缘的，不是在中心的。他是利他的，不是利己的。他强调奉献牺牲伦理道德，而不是交易交换。他主张柔性化管理，而不是硬拳头管理。格林里夫认为服务型领导包括以下维度：主动性、倾听、想象力、妥协、接纳和移情、直觉、预见、认知、说服力、概念化、治疗和服务、团队建设。

其实，无论是道德领导还是服务型领导，这里面都有一个“我”字，都有一个“做”者。用服务他人的“利他”来换取最终服务自己的“利己”。而道德经里面所指的道德或服务，没有“做者”，只有在自然本性中的回应。圣人处无为之事，行不言之教。即使是慈、俭、让也是他本性所持有的。那个道德中的人并非高尚，他只是做他自己。正如老子《道德经》第六十七章所讲，我有三宝持而保之：一曰慈，二曰俭，三曰不敢为天下先。慈故能勇，俭故能广，不敢为天下先故能成器长。今舍慈且勇，舍俭且广，舍后且先，死矣！夫慈以战则胜，以守则固。天将救之以慈卫之。

那个服务中的人根本没有选择，他所做的那些就是他的本性。他是一，不是二，没有任何分别，所以不用选择一个，抛弃一个。以道德的名义或者以服务的名义命令自己或别人，这跟以金钱和权力的名义来操控自己和别人的行为是没有区别的。这时，服务或者道德，其实跟权钱名利没有任何分别。只是换了服装，换了舞台，但道具依然是道具，奴隶依然是奴隶。

“那种想要去帮助和服务他人的渴望，其实隐藏着骄傲和自负。只有在虚荣心的驱使下，一个人才会叫嚷着说自己想要去帮助他人。想要帮助他人和服务他人，最好的方式便是着手去认识自己、改变自己。因为自己就是他人。我们彼此相互关联着，我们的内心极为相似，我们为欲望、恐惧、贪婪或野心驱使着。没有认识自我，我们便会在无知中行动，我们便会推波助澜地去制造出更大的混乱、不幸和痛苦。自我是一本很厚的书，我们无法在一天读完。追随和效仿某个道德权威，也不是认识自我。依照某个理想范式的权威、理论、教条、信仰来规范、约束和训练心灵，也无法带来生命的充实与快乐，更遑论能够促使我们去帮助别人、服务别人。我们的道德、观念、欲望，从根本上来说，都是基于对自我欲望的渴望而已。”[39]

总而言之，道德领导、服务领导这些领导新理论都在不断探索真善美，这无疑是领导理论大大前进了一步的结果。这是好现象，也是好的开端。不过，从人本身存在的意义看，做圣人并不是人生的目标，做自己才是人生的意义。庄子说孔子是人之君子，天之小人。意思是说孔子过于强调社会的伦理道德，压抑了人的自然之性。修身养性本身没有什么不对，但如果修身养性不是顺应自然的自发之道，那么修身养性也就是以假修假了。

行善积德是教人多做好事，这对己、对人、对社会有一些好处，但如果行善积德没有跟自己真实的生命活动结合起来，那就不可能改变自己。因为所谓修外是为了修内。如果精神世界不变，老往外求，且莫说做多少好人好事，就算是当年梁武帝造寺四百座，渡人几十万，达摩祖师也说他并无功德。

学校里的纪律和德育领导亦是如此。被灌输了太多有关道德和纪律教条的人，只会变得恐惧、猜忌、对立和模仿。这样的话，人们就很难从种种桎梏和障碍中逃离出来，很难唤醒自身的智慧去自由地质询和探究既存的社会价值、传统、信仰、观念等等的真伪，很难去明智地觉察到自我，更妄说在社会化的重重规范训导下找到属于自己的发展道路了。

归根结底，真善美观念都不是自然的本质。人生而寂静，这才是道法自然的本质，空无的境界才是领导的最佳境界。作为领导者，要一切自求，桃李不言，下自成蹊。帮助他人最好的方式只有认识自己、改变自己，距离真善美最近的时候是认识自我、改变自我的时候。

再进一步阐述“无我无为法”：站在意识最圆满的状态，去除“有为”“有我”的领导，乃至无需去除、无需不去除，于相离相，才是真正的空性观、无为无我法。所以领导应该是接受无数种可能性，并用孩童之眼看世界、用纯粹的空性看世间。

第五章

有机整体之道与学校组织文化管理

见山是山，见山不是山，见山又是山。

一、有机整体观：守住了源头，自然能生生不息

个体反映整体。个体是它自己的整体，个体更是整体之中的一部分。个体来源于整体，整体反映在个体之中，就如海浪与大海；整体容纳个体，整体也在个体之中体现，就如星球与宇宙。然而，要了解个体或整体，都必须把握根本，才能从个体中看到整体，从整体中了解个体。因为这个世界是由无数的局部和更大的背景构成。把握好某一局部的根本，可以进而认识更大的背景；认识更大的背景，可以进而更好地把握局部。在这个过程中，人的意识活动与哪一个局部的东西结合，就会强化哪个局部的存在，同时也就把意识固定在了那个局部之上，一旦固定，就会落入“一叶障目”“以偏概全”的窠臼。只有认清了全景，才能了解局部，只有守住了源头，自然能生生不息。

这正如《道德经》第五十二章言：天下有始，以为天下母，即得其母，以知其子，即知其子，复守其母。这段话的意思是说，天下万物都有来处，其来处便如人母，既然明白了其母，便可以进而了解她的儿子，了解了她的儿子，又可以反过来了解怎样保护他的母亲，因为守住了源头，自然能生生不息。

1. 抓住了根本，才能了解整体

固本培元是我国古老的哲学思想。所谓本，是根本，是元神，是基

础的意思。中医认为，人体像宇宙天体运行一样，气血昼夜运行不息，只要能固本培元，则本源和元气就能生生不息，如此就可以保证机体气血通畅，生命强健而有力。对于人的身体，要固本，人的身体有本，才有生命；人的精神有本，才能获得内心的安定。对于组织和国家也是如此的道理。组织有本，才能有组织文化，才不至于被环境牵着走；国家有本，才有持续发展，才不至于困苦颠倒。

以人体为例，人体就是一个有机的整体。在西医看来，心、肝、脾、胃、肾，并无联系。但在中医看来，人体是一个有机的整体。中医有阴阳学说和五行学说理论。按照五行理论，金、木、水、火、土，对应人体的五脏和五窍分别为肺、肝、肾、心、脾，以及目、舌、口、鼻、耳。因此有“肝开窍于目、心开窍于舌、脾开窍于口、肺开窍于鼻、肾开窍于耳”之说。肝开窍于目，就是根据五行中肝和目均属于木的理论，同气相求；同时，就肝脏的功能来说，肝藏血，而眼睛的功能需要肝血的濡润；另外肝经的经络循行于眼睛，眼睛是肝经的末梢，肝血通过肝经将血运输到眼睛，“目得血而能视”，所以眼睛的状态可以反映肝脏的功能状态。如果眼睛有毛病，中医会调肝来治疗眼病。但是对于西医而言，眼睛的疾病无论如何也不会考虑到其与肝脏的联系，而中医却可以通过外部征象来推断内在的变化，这就是中国人的整体观。部分可以反映整体，因为部分来自整体。那么为何部分能够反映整体？因为气血贯通全身，而经络是“气血”的通道，气血流通、交换都需要依靠经络的通道。如果经络瘀阻不畅则气血供应不及，就会形成疾病。所以，经络就是根本，抓住了根本，就抓住了整体。经络穴位并不是以实体形式存在，在身体内根本找不到具有实际形态的经络和穴位，从西医解剖学的角度看，经络是不存在的，但是看起来无形的东西，其实也是整体的一部分，并且由于其是根本，所以能够反映整体。

2. 抱神以静，形将自正

对于生命而言，精神与实体，精神为根本。《庄子》说：“抱神以静，形将自正。”神与形一体的。你的形只是你的神中看得见的部分，而你的神是你的形中看不见的部分。神是形的神，形是神的形，神形是共同运作，彼此交融、互补的。与此同时，无形的“神”起着主要的作用，它影响着有形的“形”的运作。现代西医医学也已经发现精神疗法的作用，当事后告知病人所吃的药是假药时，吃到真药的患者当中，也有很多人出现了病情恶化的状况；当告知病人所吃的药是真药时，吃到假药的患者当中，也有很多人的病情发生了好转。现代西医还发现多重人格患者尽管是同一个身体和大脑，但是切换到另一人格之后，病症就完全消失。这些案例都在说明改变潜意识就能够治疗自己身上的疾病。也就是说，意识可以反作用于客观存在。

虽然西医分科特别精细化，但治疗模式依旧是头疼医头、脚疼医脚。中医的模式恰恰相反，它讲究整体观，把身心看作一个整体，把身体各个脏器看作一个整体，把人与环境、人与自然、人与宇宙看作一个整体。中国传统文化中经常讲天人感应，道理就在于人与自然本来就是一个整体，当然会相互影响。

以此类推，可以把形神的“神”看作人的主观世界的活动内容，可以把形神的“形”看成人的客观世界的存在内容。同时，也可以把“神”同样看作一种客观存在。也就是说，意识也是一种客观物质，而物质可以看作是一种精神影响下的所在，意识可以决定物质存在的层次和所处的维度。现代西方科学的脑科学、神经生理学、生理心理学等学科，其研究对象不再只限于大脑等的实体性物质，对精神活动影响生理的探讨已有了重视。量子力学的研究更是证明了这一点。在量子理论中，意识对结果产生着决定性的作用。比如科学史上的多次“双缝实验”就间接证明了物质无法决定意识，是意识决定着物质，客观规律是可以以人的意识为转移的。还有“薛定谔的猫”的实验，间接证明了微观物理规律能够解释宏观物理规律，但宏观物理学却无法解释微观物理，微观物理才是物质规律的主宰。

中国自古以来就非常重视无形的精神或意识。《大学》道：“欲修其身，先正其心，欲正其心，先诚其意”，这可谓调意正心可调身的佳句。中华整体论讲“道”“元气”“阴阳”“五行”“八卦”“精气神”等等，这些不是鬼神，不是宗教神学，不是封建迷信，而是整体中存在的无形的能量。比如，经络的穴位在解剖学里是看不到的，但在中医针灸中却存在，并可以治病。还有武术中的气功理论，练气功就是要在精、气、神三方面上下功夫，在形神相合的情况下，通过意识活动来驾驭形体的变化。

科学偏于机械，非科学偏于神秘。全部存在不仅存在于可度量和计算的物质之中，亦存在于不可度量和计算的无形物质之中。大道无言，大道就是那不可度量计算的真实，只有整体的意识才能意识到它，只有意识到整体才意味着自由。

回顾整个 20 世纪，人类的认识长期以来一直被以自然科学为主导的唯物认知论所制约。在这种视角下，客观世界存在于意识之外，并可以缩减为纯粹的物质、粒子和电磁力（文化、技术和科学则被划分到了另一个领域）。然而，动物学、微生物学、生态学等诸多研究领域的最新发现正在迫使我们质疑传统的二分化认知基础。事实上，自然、技术、意识和精神间的简单分类法则只是西方科学观的局限，世界是一个复杂有机的整体，在其中，身体和精神不可分割，人类与其他物种不可分割，意识和客体不可分割，能量和物质不可分割。

3. 以整体观观人

在现实生活中，人与人之间的生活并不是孤立的，而是一个整体。虽然个体有自身的变化规律，但宇宙中并无孤立的个体，宇宙万物都脱离不了联系，就如同多米诺骨牌效应、蝴蝶效应一样。

以主体与客体为例，由于现代科学强调实验的客观性，把认识的主体和客体分割开来，因此科学所提供的自然知识、社会知识都不是把人与对象同时纳入考量的整体知识，而是局部的、机械的知识，但部分与部分相加并不等于整体。

中华整体观源于主客统一的一元论，现代科学源于主客对立的二元论，两者是对立而互补的。站在人的角度看，宇宙的知识只是人类自我认识的结果。但站在宇宙的角度来看，人类的知识却不是对宇宙的完整的认识。我们与宇宙中的一切都是联系在一起的，我们是一整块大陆，以千百万种方式连接着，我们的心有多大，我们的存在就有多大。如果我们的心中没有充满对这整个存在的爱，那么我们的生命体验将按同样的比例被削减。

人是形气神三者互动的混元体，人的精神主宰形气的能力越强，人的自主性就越强，把握自己命运的能力也越强。人的一切活动是由自身和环境相互作用构成的，但在这个过程中，意识越灵明越独立，人对环境的认知和驾驭能力就越高，生活的盲目性就越低；人的认知的层次越高，那么处理问题的方法也就越简单、有效。

以有机整体观角度来梳理前面的论述可将之概括为：人的身体内部是一个有机的整体，即人体合一；人的身体与精神也是一个有机的整体，即身心合一；人与自然之间也是一个有机整体，即天人合一；物质和意识之间也是一个有机整体，即主客体一体。人体合一，合在气血、合在经络，抓住气血和经络就能抓住整体；身心合一，合在心，抓住心就抓住了身，抓住了精神，也就抓住了物质；天人合一，中国古人向来认为“人身小宇宙，宇宙大人身”。天人合一合在天，懂得了天就懂得了人，看护了天下才能看护好自身。主客体一体，关键在于了解主体的意识，意识能够改变物质的形式和运动方式。

但现代人常常犯错，身体健康方面，绝大多数人关注的仅仅是吃好、喝好，而不是培养自己浩然正气，更不去关注自己的心灵、思想观念和潜藏的意识。在管理领域，人们不去关注无形的资产，而去关注有形化的东西。人们不仅在背道而驰、分而裂之，而且常常抱薪救火、饮鸩止渴。比如：让身体为了各种欲望而被迫运作（比如喝咖啡熬夜工作），致使身心更加不合一，导致种种疾病或亚健康；为了各种贪念，使心里所想与身体行动产生割裂，知行不合一，形神分裂；天人更不合一，天下是所有生命物种和非生命物质的天下，但人们却不与大自然协调共存，人们在大肆破坏自然，伤害自然，致使自己不能融入自然之中，不能回归于自然中汲取养分，最终只能是害人害己。管理领域也是如此，狭隘的部门主义、本位主义，最终只会使大家一起变得愚昧落后。

总而言之，中国传统文化中的整体论是有机整体论。这种有机整体论不仅适用于人与世界、人与社会、人与家庭、人与他人，同样可以推及到人与学校、企业、社区等各种组织的关系上。中医基础理论即是立论于人的有机整体观，一旦整体正常了，局部的病变就会消失，它们是有机统一的。如果医者能直接体察病人的整体状态，那就属于古医书所说的上医。认知整体可以深化对局部的认知，认知局部可以加快对整体的认知。传统的二十四节气也是整体观的精髓。抓住了天的规律，自然就抓住了人的规律。为什么呢？因为天人合一，天地是一个大天地，人体就是一个小天地。小天地的各种变化当然与大天地的各种变化是一致的，这就是中国传统的天人合一观。

4. 以天下观天下

目前，人类社会正生活在狭隘的“局部观”的世界之中，随着对资源的无限索取、经济军事政治活动的全球化、核武器的发明和扩散、温室效应的出现，以及地球磁极的加速移动……日益增长的生存危机和混乱已经严重威胁人类社会的安全。这些国家间、宗教间、集团间、利益群体间的各种局部观，完全可能把我们几千年的文明社会毁于一旦，并且祸延世世代代及众生。

人类社会已经跨在了继续选择局部思维则死、转而选择整体思维则活的关口。要知道，我们当前人类社会所面临的各种生存的危机都与人类缺乏整体思维有关。从局部观到整体观不仅仅是人类意识状态的飞跃，是人类文明的移山跨海，更是消除日趋严峻的生存危机的迫切需要。

《道德经》第五十四章说：修之于身，其德乃真；修之于家，其德乃余；修之于乡，其德乃长；修之于邦，其德乃丰；修之于天下，其德乃普。故以身观身，以家观家，以乡观乡，以邦观邦，以天下观天下。吾何以知天下然哉。以此。

这段话的意思是说，一个人要站在身的立场观身，站在家的立场观家，站在乡的立场观乡，站在邦的立场观邦，站在天下的立场观天下，不要犯以一个小角度、小立场而去观天下的毛病，不要犯管中窥豹的毛病（要以豹观豹）。换句话说，以科学观科学可以，但以科学观整体世界或者观内观则不可以。

老子的话还隐含了一个认识方法，在更大的整体上认识事物，从身→家→乡→邦→天下，是一个递进关系，后者包含着前者，家包含着身，乡包含着家……所以要想把身观清楚，不仅要把身当作一个整体来观，还要把身当作家的一个局部来观。也就是说，身的规律只是家的规律的一部分，身的存在是以家的存在为前提的。以此类推，身还是乡、邦、天下的一部分。

二、东方中国的有机整体观对学校组织文化管理的启示

有机整体观强调二点：第一，从整体出发才能解决部分的问题，即从大局着眼，运用大局的规律就能化解小局的矛盾；第二，从根本出发，抓住事物的主要矛盾或主要根本问题，不要被无关紧要的事物所

干扰；第三，从意识入手，组织改变在于个体的改变，个体的改变在于自我意识的改变。自我意识改变了，组织文化才能得到改变，最后组织物质环境也可以因此得到改变。

当前，对学校组织文化的评价存在许多问题，主要是重有形硬件、重物质化，而轻视高尚的精神追求；偏重于形式而忽略了内容，偏重于评价有形化的层面及有形化的程度，而漠视了无形化的实质及无形化的内涵；重视组织文化的秩序化和规范化，而轻视组织文化的活力和创造力；重自上而下的外生改进，而轻自下而上的内生改进，最终难以实现真正的文化改进。

在这样的评价体系下，学校文化可以说是千校一面、千篇一律、人云亦云、墨守成规。如何从整体观出发，把握整体，抓住根本，从个体的自我意识改变入手，改造陈旧平庸世俗的组织文化，是急待思考和解决的重要话题。

1.解放束缚的局部意识，成就圆满健全的整体意识

中国的文化符号“太极图”，包含了古代中国人的智慧哲学，它是我们中国人公认的认识宇宙、世界、我们自己的本源图示。太极图以阴阳能量体系诠释世界的本质。太极图告诉我们，宇宙是能量世界，没有能量就没有万物，能量又分阴阳，阴阳为一，阴中有阳，阳中有阴，阴阳互化，阳到极时生阴，阴到极时生阳，阴阳演万物是宇宙万物万生一所共有的规律和模式。周敦颐在其《太极图说》中讲到，整个宇宙自然气化的生成与复归的模式，即由太极→阴阳→五行→万物（人）的生化过程，以及万物（人）→五行→阴阳→太极的复归过程，是太极图以圆形而不是三角形、线性、方形为图的原因。

太极的圆诠释了这个世界万物运动和结构的规则，即物极必“返”的规律、能量循环往复的过程。以此规律来了解，很多事物间的联系

绝对不是线性回归的关系，而是循环往复物极必返的关系。就如大自然的水循环一样。陆地上的水在蒸发作用下变成水汽上升，遇冷后凝结为水，水集聚到一定量后变成雨水，重新降落到地面，如此“地气上升为云，天气下降为雨”循环往复、物极必反。

以此规律观之，自然界是从道演化为万物，再发展为人，人可以通过修炼自我意识返还于道，成为一个圆满的圆圈。可以说人的出现是宇宙发展的高峰，然而人还需要进一步完善，这种完善在于人的意识的主动性、自觉性，通过意识的内求，变局部思维为整体思维，用整体思维来认知和变革自身以及环境。从道到人，再从人到道，是一个完整的圆。

《太极图说》在讲天道时说，“无极而生太极，太极动而生阳，动极而静，静极复动，一动一静，互为其根”。所谓“无极而生太极”，有形的东西是来自于无形的。宇宙万物有形的东西都是来自无形的能量，实质的内容来自不实质的本质，如此一动一静，一阴一阳，周而复始，动静阴阳之气运转于无穷。

《太极图说》不仅讲到“天道”的循环往返之理，以及“无极致太极”的本质，而且讲到了“人道”。“唯人也得其秀而最灵。形既生矣，神发知矣，五性感动，而善恶分，万事出矣。圣人定之以中正仁义，而主静，立人极焉”。万物中，只有人独得万物的精华而最为灵光，人为万物之中的精华。人被万物不停地组合而生，又凭精神而明白道理、区分善恶。人道将人性定义为中正仁义静，中正仁义静为我们做事修行立下规矩。

心学创始人陆九渊，融合孟子“万物皆备于我”和“良知”“良能”的观念，也提出“心即理”的命题。天理、人理、物理只在吾心中，心是唯一实在。认为心即理是永恒不变的。“千万世之前，有圣人出焉，同此心、同此理也；千万世之后，有圣人出焉，同此心、同此理也。”人同此心，心同此理。往古来今，概莫能外。他说：“宇宙便是吾心，吾心即是宇宙。东海有圣人出焉，此心同也，此理同也。西海有圣人出焉，此心同也，此理同也。千百世之上至千百世之下，有圣人出焉，此心此理，亦莫不同也（《年谱》《陆九渊集》卷三十六）。”

如何理解我心即宇宙，宇宙即我心？心与宇宙是一体的，宇宙万事万物都在我们心中。物质世界都只是存在于人的意识中，存在于人的感觉、概念或者观念中的。因此，如果宇宙万事万物有锁解不开的话，那么所有的钥匙也都在我们心中。这句话延伸来讲，也就是说，每个人都是一样的，都不需要向外求，只需要向内看。所以万事万物，万变不离其宗，只要把握好其道，就能不偏不倚、无过无不及。

《道德经》说“道生一，一生二，二生三，三生万物”，如果再往下接，就是万物生人，人生于道。人生来就在道中。而社会和人类世界的异化，使人越来越偏离了“中正仁义静”之道。而最终的解决之道并不是科学技术，而是人的意识，靠着自我意识的主动性和自觉性，人终将回归于道中。

一方面，意识创造了我们这个星球上最辉煌的文明成就——各个领域的科学技术，高楼大厦，流光溢彩的都市，风驰电掣的交通。

另一方面，狭窄有限的意识也带来了无尽的伤痛——所有的战争和武器，那些毁坏大自然、污染环境的事实，还有虚假的宗教、迷信，所有的霸权思想，所有野蛮残酷的剥削关系、阶级界限和利益界限，都是由狭窄有限的意识造就的。

狭窄有限的意识充满了破坏性，把人类分割得四分五裂：分成“我”和“非我”，分成“我们”“你们”和“他们”，分成既得利益集团与边缘势力，分成不同的政治派别、祖师流派等。狭窄有限的意识制造出了各种分裂而没有关照到这个有机的整体。狭窄有限的意识控制着人们的思想，那些野蛮暴力、那些嗜财如命、那些汲汲营营、那些杀伐连天、恶贯满盈，都来自被狭窄意识控制的人。生命如果不能够超越狭窄有限的意识，如果不能进入永恒的高尚境界，意识就变得机械、单调乏味、寂寞、丑陋、可怕和充满逃避。只有彻底了解自我，才能超越狭隘的自我意识，才能跟存在的整体意识建立起圆满而健全的联结。

而我们的教育越是复杂，我们看起来越是文明，那么这种矫揉造作的文明只会使得我们更加失去人性，因为这种文明不是自然而然得来。我们必须了解自己，看见真相——你就是世界，世界就是你。了解了自己，才能从根本上改变自己，并由此发展出真正的善，如此我们才能创造出一个美好的社会。

2. 你即是社会，社会即是你

同样，我们还可以把学校看作一个有机生命体。因为学校里面有诸多有意识的主体。而意识与“道”有相似性，它们都无形无象，不是实体性物质，但是却真实地存在，并具备全息和兼容的特性。所以，健康的学校组织文化就好比是有机的整体，如鲜活的花朵，具有生命力；而不健康的学校组织文化就好比是无机的死亡，如塑料花，空有其表，却无任何生命力。

“道”生万物是自然的。而人与万物的根本区别在于人具有主动性，是自觉的。人的意识活动的内容源自万物，而人类的进一步发展却有待于摆脱有形物质对意识活动的桎梏，认清人类生命活动的本质，使人的思维模式从局部走向整体，变被动的生命活动为自觉、自然的生命活动，使人与自己的关系、人与他人的关系以及人与自然的关系、人与宇宙的关系，从对立走向和谐，乃至走向合一，还宇宙意识一个本来的面目。

学校组织好比一个有机整体，学校组织是具有意识的主体的集合。所谓天下兴亡，匹夫有责。我们中的每一个人都是匹夫，都是教育大环境下的人，也是教育大环境本身。

组织文化按照东方的思想，应该是外圆内方，外显的制度要圆，要给人尊重，要宽松。内隐的文化要方，有无言的约束力，但却能潜移默化、润物细无声。那些不具有生命活力的学校组织，以各种狭隘有限的制度和理念让不同团队、不同阶层、不同派别之间，彼此互相伤害着；而具有生命活力的学校组织，以各种不同的方式让不同理念、不同派别、不同思想的人群相互联结着。这就是区别所在。

有一种向外求的学校组织文化，要么是先从外在的环境改变入手，希望变化了的环境来改变人；要么就是不管不顾地对人的观念进行洗脑，希望人的观念先被动改变，再用观念改变人的行为和环境。这两种方法都是外求。这里有一个伪命题，即何谓正确的观念，何谓不正确的观念，这是由谁来定的呢？如果可以由别人来定，并且可以被别人所灌输，那么每个主体的主体性哪里去了？那岂不是每个人又变成了某些少数具有“先进”观念的人的奴隶？本来自由的人被低化、矮化成被牧的“羊”？这是人格不平等的侮辱，还是人格平等下的尊重？

东方认为圆满的意识来自整体的思维方式，而整体的思维方式正如《庄子内篇·德充符》所说：“自其异者视之，肝胆楚越也。自其同者视之，万物皆一也”。这段话意思是说，从事物千差万别的一面去看，邻近的肝胆虽同处于一体之中，也像是楚国和越国那样相距很远；从事物都有相同的一面去看，万事万物又都是同一的。

现在教育领域充斥一些自视甚高的、手段强势的教育领导和管理者。他们或她们有着强大的目标欲和成就欲，有着分秒必争、寸土不让的做事方式，还有坚定无畏、摧枯拉朽的阵仗，张弓满弦、鼓角齐鸣、杀伐果决、独当一面的状态，还有自鸣得意的优越感，这些都给下属很大的压力和压抑感，也会给组织文化带来不好的影响，比如急功近利、多快好省的“大跃进”心态、见物不见人的功利取向、只重结果却不看过程的立场，这些都是局限性思维所造成的结果。作为人，不顾及他人的局限性，即使赢得了天下，也依然会发现自己并不是超人，力有不逮、无能为力的事情比可以随心所欲、为所欲为的事情多得多。人不能予取予求，执念于“有”，因为最终所有的实有也不过都是空无。所以，抱有整体思维的人不执着、无挂碍，没有目的性而有所不为，可以更优雅温婉、更单纯宁静，更善良柔软，更愿意接受失败、更包容自己和他人、可以更好地归于自己而不受外界影响。

而整体的思维只能来自无为，你不能去刻意追求它，它只是你本性的自然感受，而不是做作、虚伪。因此，学校组织文化是什么样，取决于每个有意识的主体对自己的了解和观察，对生命哲学的理解和洞察。在了解和洞察中，获得真知灼见以及整体观的行动力。

一个人的生命活动状态与他的意识活动状态息息相关。一群人的生命活动状态与他们的群体意识活动状态密切相关。当个体的生命立场变为群体的共识，而群体的共识一旦确立并且足够大的时候，它就有了一定的独立性，乃至扩展为社会共识，也就是成为群体意识场或社会意识场。这个升级版的“场”看不见、摸不着，但可以成为对人影响极大的集体无意识或社会无意识，它对个体意识的影响是迅速而简捷的。

去了解学校组织文化，要了解个体意识、群体意识、个体无意识、群体无意识，还有社会有意识、社会无意识的内容和表现。这些加总在一起，构成了学校组织文化的无形部分，再加上有形的、可以看见并触摸的实体性物质，构成了学校组织文化的整体。当然，这并不是简单的加总，而是一种浑然一体的真实存在。

人们常用“一盘棋”来比喻全局思维，所谓一招不慎，满盘皆输。目前，人类社会正处在局部世界之中，因为选择了局部思维的路子，使得人类的整体思维能力受到压抑，局部思维能力得以强化，很多现代科学就是人类局部思维高度发达的产物。随着信息共享、经济活动全球化以及地球温室效应等全球性事件的出现，人类社会已经步向从局部到整体的关口。由于世界的本质是整体的，事物之间存在整体性联系，因此，人类社会曾经创造的各种“奇迹”其实都与整体或整体性思维有关。而人类社会目前面临的各种危机也与人类欠缺整体性思维有关，因为局部思维忽视了事物的整体性联系。

从局部世界到整体世界，人类需要丰富、完善自己的思维模式，使意识活动从局部思维上升到整体思维。在这个过程中，中国文化的整体观会起到意想不到的关键作用。当注重整体特性的东方文化与注重局部特性的西方文化融合在一起的时候，将一定会产生更好的人类文明。

三、有机整体观与课堂教学文化的健康管理

教育是一棵树摇动另一棵树，一朵云推动另一朵云，一个灵魂唤醒另一个灵魂。教育属于服务行业，是以脑力和心灵为导向的服务行业。从有机整体观的角度看，对脑力的训练目的在于启智，启智的目的在于对心灵有所启迪，对心灵有所启迪才是最好的教育。换句话说，脑力是出发点，心灵是终点，所以心灵导向占据着至关重要的位置。任何不以心灵导向为前提的脑力训练都是徒劳无益的。

健康的学校组织文化是心灵与心灵的撞击和共鸣，是对学生的心态产生正向影响的文化。健康的学校组织文化让学生对未来前途充满希望，而不是通过规定套路和一遍遍演练去改造学生，也不是通过学生当下的成绩、技能、获取的奖状来对其做出优劣判断，也不是用口号、头衔等没有温度的东西去衡量学生的差别。以语文教学为例，健康的学校组织文化，不是仅限于教师对某篇文章的多次阅读指导，或者某个知识点的反复解说讲授，而是以此为媒介，抓住学生的内心，激发其好奇心与求知欲，启迪学生的元认知、元思维。以数学教学为例，学生记住了公式定理，会解题，就是一堂达到了学习目标和教学任务的好数学课吗？不一定。最关键的是掌握了数学的“道”。这个“道”

看不见摸不着，指的是一种可以举一反三、触类旁通、融会贯通的思维，指的是对数学精神实质和思维方法的领悟。所谓“问渠哪得清如许，唯有源头活水来”，我们追求的不是死记硬背，应付考试后就压根无用的知识，而是多年以后，学生回想起学校对他的教育，仍能产生一种共鸣并将其传承给下一代。总之，学校教育与学生之间的这种非常抽象化、非常个别化的互动关系，不像硬件设施、口号、头衔、奖杯、其他实体商品那样可以被感知或触摸到，学校的发展价值观、以及在此价值观基础上的课程开发与设置，还有来自教师对于学生的关爱和呵护，以及学校对学生的生活及学习态度、价值观、实践能力的提升等这些抽象的东西，才是最有价值、最有意义的。所以教育的无形性就是其核心本质。健康的学校组织文化是无形的，越无形的学校组织文化，其质量越高。越无形，其适应性和融合度越高，课堂教学文化越能无形地影响学生。所谓“大音希声，大象无形”，越好的音乐越寂静无声，越好的形象越飘渺无形，应该就是这个道理。

1. 课堂教学文化的整体观：师生互换方为整体

在学校组织文化中，课堂教学文化无疑是重中之重的基础。不管多么高深的教育文化，都要从一节好课开始。给学生们上一节好课是健康学校组织文化的最好展示。

教育的育人特性决定了好的课堂教学文化往往是由无形的东西组成的。比如一堂好课，不是体现在PPT制作得多么精美、教具制作得多么美观上，而是体现在师生互动的过程中，教育智慧的碰撞和升华。健康的课堂教学文化具有“只可意会，不可言传”的境界，它以无形之物带来无形的影响。正如老子在《道德经》里所说：“天下万物生于有，有生于无”，苏东坡说“无一物中无尽藏”，都在反映“无中生有”的万物规律。况且教育教学本就不是靠外在的介入和干预来实现的，而应该靠一种内在的牵引来达成。

所以，好的课堂教学文化不是开设的某门具体课程，也不是考试的成绩排名，它不是任何实物成果的展示，也不是精心预设或刻意设计得来的程序，更不是反复排练出来的表演。好的课堂文化是人对人的一种影响，是老师种在学生心中的希望的种子，是对学生有关人生信念、坚毅品格、接受挑战的勇气的激荡激励。因为教育的结果和意义绝对不是通过几次考试成绩就可以评判的，教育是要把学生培养成一个更好的人，包括他的人格、心理、幸福感等多方面，教育的意义应该是无声的影响，这种无声无形的影响，会在他们以后的人生中展现应有的意义和价值，使之终身受用不尽。

健康的课堂文化是自然生成的。课堂不应该有所谓的 SOP 标准作业程序。有文化的课堂教学是一种自然而然的生成。它会随着不同的教育对象、时间、地点，以及教学者所处的生命周期和生命状态的不同而发生变化。每一堂课都是不一样的，好的课堂教学往往具有即时性，就在那一瞬间，师生之间碰撞出了智慧的火花和化学反应，师生共同感受到精神上的满足与愉悦，这种时刻不可复制也不可保存，更不能一直持续。课堂教学是人和人心灵之间直接的影响，即使通过媒介，比如视频、音频、照片，也无法再现那种心灵之间的相互作用和相互影响，那时、那地、那些人之间的灵魂碰撞，彼时已逝，不复存在。

在自然学习的过程中，自然生成的东西，才会在未来显出有形的成果。可以通过反复学习获得的东西，很快就会随着时间的流逝而淡忘。比如同样一个词汇，是在反复背诵和书写的过程中生搬硬套学会的，还是在日常对话中多次无意用到，或者在阅读中多次遇到的，其结果是完全不同的。也许表面看起来，这两种情况都使学生掌握了该词汇，但体验的优劣感决定了其价值的不同。高质量的生成式体验型学习所产生的影响是久远的，内心对于这个词汇的感受和感情也是不同的。而低生成、低体验型学习一般都是考完马上还给老师了。所以，只有多多关注无形的东西，才会看到有形的东西。关注了学生的身心健康而不是看得见的成绩，其成绩和技能自然就变好了，因为他们的心态和身心健康了。让一切所要传递的知识、态度、动机、价值判断、习惯的养成、思维方式等都在寓教于乐中进行，而不是在教条、规则、训教下进行。一个被访教师说：“我教的是一年级的学生。我觉得应该给低年级学生充满快乐的课堂。有一次，我想给他们上折纸飞机课。但我想：有必要每个人都叠吗，又浪费纸张，又制造垃圾，随后还得到处收拾残局。可是思前想后，我还是坚持为每个人准备了一张A4纸，在课堂上看到学生们期待的眼神和执着的小表情，我就不仅带着他们折了纸飞机，还带着他们一起走到教室外放飞。那种快乐，那些笑脸，是我这辈子也忘不了的。我想，这是他们在某一个阶段仅有的，也是珍贵的体验，比我讲多少知识都更有价值。”快乐时一起快乐，拼搏时一起拼搏。这样才能真正走近学生的心里，才能顺其自然地帮助学生、引导学生。

健康的课堂文化是活的。真正有价值的东西都是活的。流水不腐、户枢不蠹，这就是活与死的巨大区别。活水因流动而不会腐烂发臭，而死水只会发臭腐烂；活门因为经常转动而不会被虫蛀，而死门因为不转动而被侵蚀。在教育领域，真正好的课堂教学都是活的，是转瞬即逝的。大师的课堂，每一遍都是不相同的，而不是通过“磨课”得来的固定模式。教学主体的不断变化以及教学情境的不同，其展示出来的课堂教学内容是千变万化的。一堂好课不应该是千篇一律的，好老师也不是如出一辙的。教学风格、教学艺术是各有不同、千变万化的，不应该、也不能用统一的标准来判断。把握学生真正的学习需求，捕捉课堂的关键时刻，吸纳不同的教育元素和教育素材构成风貌和质感不同的课堂。这就好比我们的人生，永远没有彩排，因为没有彩排，所以没有重复的人生。

健康的课堂文化是教学相长的。在教学中，教师是知识的“生产者”，也是知识的“消费者”，学生是知识的“消费者”，同时也是知识的“生产者”。课堂教学中，教师与学生是相依共存的，教师不能脱离学生而存在，学生也离不开教师而单独存在。没有学生，教师也就不是什么教师了。正因为有了鲜活可爱的学生们，才有了教师的荣耀瞬间。当真正达到你中有我、我中有你，才能互相促进、融为一体。

在服务性行业中，生产者与服务者是不可分割的整体。在课堂这个提供教学服务的时空中，其生产过程与服务过程也是密不可分的整体。在通常的有形商品市场中，有形产品绝大多数是先被生产，而后被消费的，但教育教学服务却是同时进行着生产和消费。当学生与教师产生共鸣并形成良好的教与学的氛围时，教师获得成就感并享受其中，变成了某种意义上的消费者，学生反而成了提供服务的生产者，二者不仅是不可分割的，而且其角色是可以互换的。越是互换互动，这样的课堂教学就越是高质量的。因此我们说高质量的、健康的课堂教学文化绝不是“一对多”的单向生产消费链条，而是生产与消费可以互换的“多对一”的双向链条。

有一位被访的低年级班主任兼语文教师说：“学生是敏感的、聪明的，学生能够感受出老师的教育观，即便他说不出来，但从老师处理的每一件事中也能体会。比如，我认为大胆在课堂上表达自己就是值得表扬的。最开始，学生不敢在课堂上发言，有的学生怕说错，怕被人笑话。从最开始，我的课堂中就灌输了学生们只要说出自己的想法，就是有价值的。坚持了两年后，课堂上每一个学生都敢于表达自己的观点，没有人为此而笑话其他人。那是不是大家就胡说八道了呢？并没有，学生因为得到了尊重反而越来越多地表达出与课堂内容密切相关的想法，不再有脱离课堂的想法了。”为师者，自己要做到舒展淡定，自己要活得才情充沛、兴趣盎然，同时用智慧启迪智慧，用梦想放飞梦想，引导学生用童真的眼光观察世界，用童真的情怀热爱生活，用童真的品行锻造人格，引领学生酣畅淋漓地去享受生活生命之美、感受自然天地之爱。

教师承担着传道授业解惑的角色，担负着学生引路人的责任，为他们指引方向，带领他们成长，但与此同时，“弟子不必不如师，师不必贤于弟子”。在学生的相处过程中，学生可以促进教师的成长。不仅教师的专业知识、教学技能会有所提高，并且有时候，学生也会教会我们一些被我们忽视的道理。在教与学的互动中，师生间碰撞出思维的火花，学生在成长，教师也在不断前行，教无止境，学无止境，在这个意义上，教师变成了学生，而学生成了教师，学生和老师同为师生，取长补短，相得益彰，互相提供并享受着高品质的学习感受。教者和学者是课堂教学服务的两端，好的服务一定是两端的深层次的融合，而不是简单的对接。如果一堂课，只有老师是提供者，学生单纯是接受者，那么这堂课就是单方面的灌输填鸭，不仅没有实现学生的学习主体地位，更说明双方之间并没有发生真正的交流和碰撞。实现教者和学者的互换，有两个层次上的共振。一个是价值观上的共振。生产者和消费者在价值观上共振，这是一种观念层次上的互换。其次是在思维逻辑上的共振，在解决问题思路上的共振。师生间教学相长可以显现出他们的价值观的共振，还有在具体解决问题逻辑和思路上的交互。只有价值观的共振、逻辑思路的交互，才能满足教育消费者对教育的高品质要求。当然，好的教学效果的出现是需要时机的，通常不会按照剧本上演。往往是在我们没有预料到的时候，在教师与学生碰撞和互动中突然达到了共振，就在那灵光一现的瞬间发生，这是不可复制的、不能储存的、不易迁移的、不能预设的、一去不复返的。虽然来得快去得快，但即使经受时间的沉淀和洗礼，其依然会深入人心影响深远，甚至成为经典。

健康的课堂文化，其设计大师应该是学生。目前的教育被现实捆绑得非常死板，被现实束缚得非常困顿，主要原因是我们把学生看成了被改造被改良的对象。其实，真正能够设计出好产品的人不是坐在办公室里的设计师或专家，产品最好的设计师是消费者，课堂教学产品也理应由作为消费者的学生来引领。由他们提出需求、创意、概念，由他们带领教师做出好的课堂教学产品才是真正的好产品。当教师不把对面坐的学生看作刺激–反应的机器人，而是把他们看作真正的学习主体时，教学相长的那一刻才能发生，师生才能共同进入无我忘我的境界，实现师生同行“一起走”。这种换位思考的管理思维也可以放到学校和家长的关系管理上。一般情况下学校以教育服务提供者的身份自居，而不以家长的需要为第一需要。如果换位思考，把学校当成是消费者，学校是家长们的代表和代言人，家长才是学校服务的大设计师，那么学校对于课程的实施安排、软硬件条件的配备，学校环境的装饰、学校文化的创设等，可以根据家长对学校的期待和需求来进行设计，家长的即时反馈和体验也可以作为推动学校不断改进和完善的助力，这样将能更好地实现家校“一起走”。

2. 保障健康课堂教学文化的途径：站位要高远

保障健康课堂教学文化最重要的途径是教师传统观念能够得到转变。很多被调研的教师从未意识到其实教师担当着“服务者”的角色。传统观念一直认为教师在学校管理以及教学方面起着绝对的主导地位，即使是新教改理念强调了“以学生为主体”，但是也依然保留着“教师为主导”的概念。而所谓的“主导”又因为每个人的内在观念、个人理解不同而有很大的差异。应该说，绝大多数教师都以一种高高在上的姿态对待学生，绝大多数的教师在观念上认为学生来学校就是来接受改造改进的，所以服务于学生、以学生为顾客、以学生顾客为导向这些概念对于传统教师而言在其观念上具有颠覆性。比如说有很多课堂看起来有过于“复杂”的“花架子”摆在那里，但是知识点对学生来说不算太难，而授课教师却把整个学习过程拉得很长。这类课堂容量、饱和度明显不足，而教师仍然假装学生们不懂这节课的内容，故弄玄虚地做出很多毫无意义的情境导入和热闹过程，学生不仅觉得课程进程缓慢冗长，而且由于整个教学过程完全处于低估学生认知水平和理解能力的情况下进行，导致学生对课程失去兴趣并对该学科产生质疑。服务于学生，真正以学生为导向，必须要真的走进学生的课堂，去观察他们，了解他们，研究教学内容体系，才能更好地改进课堂、促进学生的学习。

每个人从不同的身份出发，其所考虑的问题也是迥然不同的。站在家长的角度会关注：我的孩子在这所学校能否得到老师和同学的关爱？这所学校的风气足够友善和谐吗？我的孩子在这所学校的运行机制、课程设置、教学模式下能否得到全面发展？我的孩子在这所学校读书毕业时能否升入重点学校？而站在学生的角度则会关注以下几点：老师会不会尊重并喜欢我？同学们好相处吗？老师讲课有意思吗？老师会公平公正地对待我们学生吗？老师会喜欢我们每一个学生吗？站在教师的角度，关注的则是：学生生源好吗？学生已经养成好的学习习惯了吗？有问题学生吗？有问题家长吗？这个班级好带吗？所以说，不同的人由于站位不同，他们关注的利益点也不同。要想有健康的课堂教学文化，教师的观念是为自己考虑还是为学生考虑，这是最重要的环节。学校组织机构要讲究校德，教师从业者要具有师德，对学生和家长的“青睐”有完整的认识，并始终把“育人”理念放在首位，做正确的事，做让学生终身受益的事，真正关心爱护每一位学生。这不能只是一个口号或者只是文件上的条款，而是要扎根于每一个教育者的内心，深入教育者的血液和骨髓里。每一个教育者对待学生一定要走心、用心、有仁爱之心，以大局观做小事。

教师要转换观念。培养学生成为能够感受、感知到幸福，同时也能给予、传递幸福的人，然后才是培养一个成功的人。眼睛紧盯着“成功教育”的人，紧盯着学生的成绩，一切围绕成绩评价学生，那么学生或许将来能到社会上成为一个拥有权钱名利的成功的人，但却不能成为一个幸福的人。一个缺少幸福感的人，他／她的人生无论拥有多少名头标签光环，都是一个失败的人，不言而喻，这源自失败的、狭窄的教育。所以，真正平等地对待每一个学生，真正关注每一个学生，让学生感受到来自外界的爱和温暖，做有温度的教育，让学生成为一个幸福的人，做到这一点，看起来是小事，其实是非常不简单的大事。正如习近平总书记所说："一个人遇到好老师是人生的幸运，一个学校拥有好老师是学校的光荣，一个民族源源不断涌现出一批又一批好老师则是民族的希望"。

（1）学校要以学生顾客为导向

保障健康课堂文化的途径是以学生顾客为导向展开体验调查。比如以"学生是否以课堂学习为乐事，以能在此求学而感到自豪"为课题，展开体验调查。通过描绘顾客体验蓝图，描绘课堂教学内容的整套执行和背景情节，切身去想象学生"乐学"的需要和感受，模拟学生顾客的整体消费体验；通过调研学生来了解他们对课堂教学健康程度的判断，了解学生顾客"爱学"的需要和感受，调研学生顾客的感知服务和预期服务，这类调查要经常开展，了解学生需要什么，现在的教学有没有满足他们的期待。如果预期服务高，而感知服务低，那么要进行以顾客体验为导向的改进。

表 5–1　顾客导向的顾客预期与顾客感知调研

<table>
<tr><td colspan="2" rowspan="2">顾客导向的调研</td><td colspan="2">期望服务 Expected service（ES）</td></tr>
<tr><td>低预期</td><td>高预期</td></tr>
<tr><td rowspan="2">感知服务
Perceived
Service（PE）</td><td>低感知</td><td>（1）顾客尚不明晰自己的潜在需求，抢占早期优势；
（2）顾客确定为不重要需求，撤出资本；</td><td>需要投入人力物力资本；</td></tr>
<tr><td>高感知</td><td>（1）顾客确定为不值得重视区域，撇脂，转移资本；
（2）顾客感到惊喜，继续保持；</td><td>抽出部分人力物力资本或继续保持；</td></tr>
</table>

从学生顾客中多多获得相关数据信息，用数据信息作为日后工作调整的依据，还要做到满足学生顾客的投诉需求。只有保证投诉渠道，才能真正倾听到学生的意见和建议，并真正去考虑这些意见和建议，通过经常听取学生顾客的心声，发现自己的弱点，去努力改进。学校各项工作要从学生顾客的角度去管理。学校所有员工应积极树立服务意识，使其建立起积极为学生解决问题的态度，并经常奖励“服务顾客”的好员工。这方面我国基础教育做的工作还是非常欠缺的。

此外，对课堂教学中的弱点进行弱点审查，通过收集顾客反馈发现问题和优势、扬长避短。弱点审查是生产者必须要做的一件事，而且必须保证频率和质量。浮皮潦草的审查只是走形式，并无任何意义，只有真正拿出时间精力，才能抓住根本，缩小审查范围，把焦点集中在课堂的关键弱点上，有的放矢地修正错误做出改变。最后，还要把课堂教学确定为最高管理层的最大责任。通过稳定而长期的浸入制度，达到长效长远效果。

教师既然深入一线课堂开展教学工作，就要实地去了解学生真正想从教育中得到什么，去了解学生的身心发展规律，做合适的教学设计，有针对性地去教书育人、因材施教，做到自己编教材，自己改教材，对自己的学生和教学做到心中有数。课堂教学教育不同于其他的服务产品，它的顾客是时时变化的学生。我们十年前面对的学生和今天面对的学生，他们的生活环境、时代背景完全不同，他们的价值观念、思想行为也完全不同。面对不同的学生应该有不同的应对解读策略和应对方法。再进一步说，即使同一个年代的学生也存在巨大的个体差异。课堂教育要了解这些差异，关注这些差异，为他们找到最适合他们的学习方法，而不是要求他们用同样的标准评价、同样的方法学习。面对变化着的时代，学生、学习内容、教学方法，还有课程开发、师资培训、教材供应、教具配套等等都只能以发展变化的眼光去看待，并能时刻找出应对变化的最佳解决方案。

（2）学校要把握好从业者的素质

好的课堂教学文化需要一批具备职业道德和素养的好教师。教育不需要有固定的形式、固定的目标。因为重要的不是形式，而是初心。

好的课堂教学文化需要能够身体力行、传道授业解惑且充满教育机智的教师群体。教师应该懂得根据学情引导学生用自己的力量成长，并且相信学生们都能够做到，教师的角色应该是引导、启发、观察、倾听、引领，而不能代替学生设计他的发展路线、安排他的人生。教师是耕耘一片沃土、播下一粒种子的人。教师可以给予自己的经验交流和智慧分享，教师的生平经历和体验感悟，比他的教义更加重要，教师的言行合一、行为示范，比他的谆谆教导更加重要，因为那才是智慧的真正来源。每一个真正热爱生活、能用生活的热情感染并带动他人的教师，不仅能让学生学到专业知识，更能让学生被教师的个人魅力和生活哲学所吸引，甚至单单他的存在，就是最好的为师之道。没有规定的形式和死板的目标，少一些预设，少一些操控，可以让教师更好地利用多变的教育情境，作出机智的课堂反应，带动起高效的课堂互动。有时候，可能就是一瞬间一句话的处理差异，课堂的效果就有很大的差别。

高质量的课堂教学文化，要尊重学生的天性，以学生的童心和兴趣为导向。学生们天生就是幻想家、思想者，也是创作者、发明家，只是他们生活在这个功利浮躁的社会，小小的翅膀还没来得及伸展就被紧紧束缚，稚嫩的大脑刚刚开始运转就被严密操控。好的课堂教学，首先必须与社会保持一定的距离，不能一味迎合社会，更不能与之同流合污。好的课堂教学文化，应该能够帮助学生站起来，成为一个大写的“人”，而不是将他们培养成驯服的考试机器和精致的利己主义者，站位高远，才不会培养出读书时每天为更好的成绩、更好的名次、更多的奖项、更多的证书而拼命，毕业后又每天为更好的工作、更大的房子、更贵的车子、更多的票子而奋斗的“空心”人。从整体观来看，成人比成功更为重要。健康的课堂教学文化，应该对世俗的“成功标准”保持一定的警惕，只顾当下只看眼前终将“制造”割裂不完整的人，终将把人的精神家园禁锢于狭隘的一隅。教育者不仅要将“成人”比“成功”重要的信念传递给学生，还要向学生展示真正的美好，并帮助学生走在美好的人生道路上。

除了从业者的道德修养素质之外，从业者的业务素质也要高标准严要求。以前我们常说，要给学生一瓢水，教师必须拥有一桶水。而现在常常说的是，要想给学生一瓢水，教师需是一条永远向前流动的河、百川汇聚的浩瀚海洋。河流海洋源源不断地流淌着水，这流水载物、活水自洁、鲜活生动的性质正好比喻作教师的从业素质。河流因为鲜活流动，所以才能载物，而良师因为自身烁烁生辉，所以能够照亮他人。就像是那些课堂上，自然生成的鲜活的内容、鲜活的人。很多时候，教师常常害怕学生在课堂上尤其是听评课的课堂上说错了或者说不出来了，教师不愿等待，也不愿承担责任，紧张焦虑，但其实哪怕是错误的回答，哪怕是无语的紧张，都是有价值的。鲜活的现场碰撞出来的想法、火花、挑战、困惑正是课堂最需要的鲜活的水，那才是最有价值的课堂的真正组成部分。

（3）学校要有好的教材产品给学生

教育是唤醒，不是千篇一律地在模具中复制。所以好的课堂教学文化不应存在固定不变的教材。健康的课堂教学文化应该基于高质量的教学模式和课程体系。学校既要让学生们全面发展又面临升学率的压力和使命，这个双重要求的实现一定要建立在高质量的教学模式和课程体系的基础上，这需要教师群体不断创新、勇于探索、合作交流、总结融合。而固定刻板的教材很容易落后于时代，尤其是当教材很少做出改版，且编撰者的思想比较落后时，这样的教材根本不能适应新生代的需求。比如某教版的高中生物教材，前言所介绍的科学家仍然只有翟中和等老一代科学家，而施一公、屠呦呦等近些年来知名度更高的科学家却未录入教材之中，且教材的插图有不少仍是 20 世纪 90 年代初的照片。还有些小学高年龄段教材的插图依然保持着低年龄段幼稚呆萌的状态，这样落伍的教材是不能为健康课堂教学文化提供保证的。事实上，没有一“款”教材是可以一劳永逸不做改变的，如果真有这样的“教材”，那绝对不会是好教材。死水一潭的教材应该被束之高阁无人问津，每款教材都有自己的生存周期，都只是服务于特定的生命哲学、时代前沿和消费者的情况。教材作为重要的教育产品，必须对学生消费者的反应敏感起来，及时对教材做出优胜劣汰和相应调整。学校要想在教育市场上站稳脚跟，保持持久的生命力，获得学生和家长的满意，教材是决定性因素之一。

好的课堂教学文化不该有刻板的和一成不变的内容。高水平的课堂教学品质是一种思维上的提升，一种精神上的洗礼，一种心灵上的感悟。这种提升、洗礼和感悟比任何有形可见的东西更有价值，它是一种高于物质的存在，是内在思想的美丽花朵。对于一个“做秀”的教师来说，面对鲜活的学生，可以精装修、细修饰同样的内容来上课。但对于一个优秀的教师来说，相对于同样一节课，会有不同的教学方法，即所谓的教学有法，而教无定法。我们在观摩优秀的教师授课时，或者观察优秀的班主任带班时，总能发现这样的“秘密”——优秀的教师将课堂变成一池活水，让有价值的能量流动起来，力求在互动和改变中，把握住教育的灵魂和本质，有利于学生获得真正的成长。这样的老师特别会捕捉微妙的契机和关键点，或者是课堂上学生即时性的话语、表情、动作，或者是课堂上偶发的真实事件，这些即时性的，偶发性的内容马上便可以被他们整合并纳入教学素材中，引发学生全新的思考，生成新的经验和知识生长点，收获带有个性化学习色彩的学习体验，迸发可遇不可求的思想火花，教师在这个过程中关注学生的兴趣点，即时发掘、探索、解惑。这样的互动课堂虽然模仿不来，但却有它存在的规律。只要一位老师能够用心备课，专注于学生学习的研究，做好了与学生互动的准备，那么他的课堂上就一定会出现精彩的、有味道的教育。与之相反，那些磨来磨去、同课异构、反复排练出来的课，不过是学生演员配合着授课教师演员的“走台”，一遍遍说着同样的“台词”，一遍遍“鹦鹉学舌”给别人看。外行看的是毫无破绽的流畅课堂，内行看到的是空洞无灵魂的一场作秀。

此外，好教材还要遵循“授之以鱼，不如授之以渔”的基本准则。以会“渔”的标准教，让学生获得自我管理、自我学习的能力，获得适用一生的学习态度和人生价值观。我们教学的对象是有思考力的生命，我们不应该把教师的意志或某些权威的意志强加给学生，而应该从学生自身出发，因材施教，将我们的书本知识、价值观教育讲活，让学生们活学活用、多思考、多实践。

四、负面的组织文化与组织中的个体

在学校文化中，世人总是被外在有形的东西所吸引，而看不见内在的无形的观念和意识，其实后者才是最珍贵的宝珠。一个人真正的变化不在于他赚取了更多的钱而在于他对于钱的态度是否发生了变化，不在于他是否获得了高学位而在于他内在是否发生了改变。而一个人看待问题的观念和心态的变化是不可量化、不可测量的，甚至最发达的现代科学也无法进入人类内部的“黑匣子”领域对其一探究竟。在这个存在于学生个体内部的“黑匣子”之中，教与学也是一场静悄悄的革命，它包含了学生对自己的希望，对他人的尊重，对人性的包容，对生命的感恩，对快乐的体验，对困难的感受，对挫折的理解，对自己的幸福和他人人生的尊重，对生命哲学观的探究。有了这些悄然的变化，花费时间去学习的过程才是有意义的，不然，所谓的学习不过是脱离了生活的机械训练，不过是“执念”控制下对外在“标的物”的不断攫取过程。

1. 学校这个小社会里的非整体思维

从客观外在世界来说，人受到各种各样的限制，来自自身的，来自组织的，来自国家的，来自社会的，来自生理的……学校组织也是如此，从获取外在的资源和资本的角度看，学校受到政策政令法律法规、国家民众、家长学生、社区舆论等各方面的限制，向外求，冀望外在发生改变是徒劳的，而且在向外求过程中还会失去自己，所以任何组织文化都应该向内求，不是找营销公司、公关公司、专家出一套装修装饰方案或者做一套改进行动计划就可以解决自己的问题的，应该定下心神回归专属于自己的时空家园中，不执我不执他，在向内求中活出本我，找到属于自己的诗歌和远方。以教师各种频繁的公开课为例，一名教师不应该焦虑谁来听课，哪个大人物来评课，谁是自己赛课时的评委等这些问题，而应该好好琢磨琢磨自己，自己讲课的状态是否专注，自己讲课的投入度是怎样的，自己讲课时感受到的热情和满足感是怎样的。

术与道孰轻孰重？当然是道为大。术在道之内运作才是术，偏离了道的术就不是术了，只能算是江湖骗术。教师不教江湖骗术，也不应成为只教“术”的人。教师要调动学生的内驱力和内在潜能，形成持续的学习渴望和学习动力，使学生体验自己成长的深度快乐，帮助学生成为自己，而非一个只在乎外在他人评价的人，这样的教育才是在“道”上的教育。但现在学校组织文化偏离“道”的现象很多，举例来说，一位教师在一次考试后对学生说，“你追不上其他同学了，你根本不可能考上重点高中！”这句话也许是玩笑话，或者是想用某种竞争压力来激励学生的话，但这样的话从一位教师嘴里说出来，对一位还未成年的少年而言只能意味着打击和焦虑。我们不能用成绩去评价一个人，不能用一个人是否对自己绩效有用来评判人。基础教育的学生都是未完全成年的中小学生，他们的人生还很长，他们的人生才刚刚起步，他们的未来有无数种可能性。作为老师，不应该去浇灭一个个美丽的期待，而应该细心呵护每一个学生的内心以及他们对未来的向往和憧憬。尤其对于暂时在学业上落后的学生，老师更要给予关爱和关注。否则这些学生会在内心自我否定自己，会不自信、孤独，会缺少探索和突破自我的勇气，乃至会缺少幸福感和人生快乐感，这样的教育是恐怖的。世间万物本来就没有固定的形态，一个人也不受任何固定的老框架所拘束。看不到人的发展和未来潜能以及各种可能性的人，会被表面现象和局部问题所障，被表面形式和外在问题所惑，缺乏整体观的眼力和心境，这样的人不应该做人师。只有不拘一格、胸怀坦荡、充满希望幽默和快乐者才能让学生保持鲜活的生命，保全高频率的正能量震动，引领学生们感悟到有希望的自己和未来，并具有受挫后的勇气和自信。

也许正是在教师和家长这样的局部思维的负向作用下，很多学生害怕考试害怕失败，担心自己犯错误、担忧自己做出不完美的事情，这样的状态导致很多人还没有到最后决胜局，就已经认为自己完全输了、没有任何价值。这种评价人和自己的方法是要么绝对黑、要么绝对白的“二分思维”，而不是整体思维。

领导对自己推行的制度决策过于维护，以至于“选择性吸收”信息，只听取夸赞的意见，只拼命收集支持自己论点的证据，这些也都是一种认知扭曲的非整体思维。还有一种不连贯的二分思维。领导者看那些不会拍马屁的下属永远觉得他不努力值得憎恨，可是看那些会拍自己马屁的下属永远觉得顺眼顺心。

同样，班主任看自己的宠儿学生跟看不顺眼淘气学生的感觉迥异。还有，一些学校领导取得成绩的时候觉得理当如此，不值一提，大大缩小成绩取得后应有的欢乐；而没有取得成绩的时候就大大夸大错误和失败，给他人大泼冷水。

此外，本该化整为零、分而治之的工作，被夸大成不可完成、不可企及的大任务和大目标，最终导致拖延和失败。老话说，饭要一口口吃，事要一件件做，路要一步步修，其实也是说部分与整体之间的辩证关系。有整体思维的人，更善于按 0–100% 的尺度分小步完成，而不是采取 0% 或 100% 的非此即彼的二分态度对待自己的工作和生活。

学校组织文化必须蕴含整体观，这个整体观既包含了教师对自己的客观认知和评价，也有教师对学生成长需求的理解，更有教师自己的人生观和价值观的沉淀，如此才能给予学生勇气、自信、快乐和成长。

东方的整体之道不仅是看世界、看生活的正确思维模式，而且是一个比较完整正确的生活态度。因为“人的生命是一个持续的过程，这期间既有身体方面的持续变化，又有思想、感受和行为的一系列快速变化。因而，你的生命是一种经验的演进，是一种持续的流动。你不是一个物品，所以标签过于局限，很不准确，过于概括。”事实上，即使是石头，它也是有生命的，也是变化的流动的，只是由于我们对生命的定义是狭隘局限的，而定义它们是没有生命的。形成健康的学校组织文化教育者首先要具有一颗开放的心灵，坦然接纳自己，并能观察和接纳个人性格中的弱项和观念中的偏见，以一颗宽容、博大、温暖的心去感染学生。将我们的教育理念、人生信条、真知灼见和行动准则都化为无形的影响（虽无形但其中蕴藏了沉甸甸的内涵）。

缺乏整体观的现象不止存在于上级对下级、领导对下属、教师对学生之间，还有同伴之间的欺侮现象、同行之间的分门别派现象，都属于“非整体”“局部思维”的现象。如果把这种非整体观放到更加宏大的全貌状态，有学校场域内的小宇宙里的局部思维，也可以扩展至人类社会中“我”“你”“我的”“你的”“我们的”“你们的”这样的分界，这些分界带来暴力、争斗，他们互相分离互相破坏而造成社会出现许多的问题，从人类社会甚至可以扩展到整个生态社会而非单纯的人类社会场域上，从整个生态上讲人的生命与其他生命之间的分割和区别，已经造成宇宙资源和空间生存的大问题，对生态的毁坏，对其他生命的不关照，最终会反噬到人类自己。全球变暖、环境污染、生物物种锐减、白色塑料污染等等这些终极问题，正在考问我们对于生命和宇宙的整体观。看起来与我们人类无关的其他生命，其实都是我们生命里的组成部分。所有的生命都是在一个整体中，整体是超越于二分的，不仅没有“二”分，也没有高低贵贱之分别，更没有四分、五分、六分等，整体是“不二”。

如果我们的教育让一个人相信自己低人一等，那么只能说这是局部思维、固定且有很大局限性的“问题教育”。如果我们的组织中总是“圈占”所谓的“精英”，那么组织的生态就会变异，最终会有崩溃的危险。因为生态是一种平衡，是一种开放的系统，是充满活力生死往复的统一整体。好比粪土和鲜花的关系。粪土会变鲜花、鲜花会变粪土，鲜花就是粪土，粪土就是鲜花，没有了对方彼此就无法存在。这种循环生长的机制，是处在一种统一整体之中。在这个统一整体中，粪土和鲜花之间相互影响、相互制约，并处于相对稳定的动态平衡状态。组织生态是一个自然的系统，有拼搏向前的精英，也有不是精英的守望者，有运筹帷幄决胜于千里的领导，也有慢条斯理淡定佛系的员工。很难说，到底是卓越的领导成就了平庸的员工，还是平庸的员工成就了卓越的领导。生态社会对“有用”的人的需要程度，跟对“无用”的人的需要程度是同等的。一个人既希望在这个世界看到熙熙攘攘为利来、为名往的人群，也希望看到独自在湖边小溪旁闲散慵懒吹奏笛子的人。很难说到底是熙攘人群能触动一个人的内心，还是吹笛子的人更能触动一个人的内心。在人类的内心中，需要的不仅是吃穿住用和权钱名利，更需要一个空间。万物都依赖于空间。在这个空间里，才能让奔波的人停下来歇息，才能让狂躁的人寂静下来。一个生态系统并不是只需要奔涌前行的“生产者”就可以维持运作，向后或者静止在那里的“分解者”在生态系统中更是充当着能量流动和物质循环的作用。他们是“催化剂”、他们是“媒介”，是生态社会的组成部分，没有任何存在的物质是次要的存在，所有的一切构成了一个整体。

如果这个社会只有向前猛冲的生产者，这个社会会因为用力过猛和竞争消耗而崩塌得更快。恰恰因为这个社会存在那些不跟随主流的人，存在不狂冲猛打的人，才能产生美丽的氛围和韵味，才能有作为无用之用的艺术和文化。所以，宇宙中不存在无价值的生命！也没有因循守旧一成不变的生命！在整体中了解你自己吧！在整体中思考学校组织文化管理吧！

2. 组织社会化对个体的负面影响[40]

所谓组织社会化是指个体进入组织“小社会”后，其工作角色、态度、行为等方面受组织小社会影响的程度。沙因（Schein，1968）最早将社会化的概念引入组织，他认为组织社会化是新成员在组织的灌输、培训和引导下学习组织视角中必要的价值系统、规范和必需的行为模式的过程[41]。曼伦和沙因（Maanen & Schein，1979）进一步指出个人进入组织中将受到组织环境里的潜规则、他人的期待、他人的做事方式的影响，在此基础上最终建构出自己的工作角色[42]。孔雯和霍伊（Kuhlman & Hoy，1974）把学校的组织社会化策略分为正式和非正式两种（formal vs informal tactics），正式策略如对教师的入职培训，非正式的组织社会化包括在真实环境中教师群体间的交流、师生群体间的交往等[43]。萨克和阿西福斯（Sakes & Ashforth，1997）将组织社会化策略分为集体策略与个别策略（collective vs individual tactics），集体策略让新人统一接受教育培训，个别策略如师徒制。[44]

库珀－托马斯和安德森（Cooper-Thomas & Anderson，2006）提出组织社会化涉及的层面包括正式社会化、主管领导、导师、同事、组织文化等方面[45]。

组织社会化的影响结果其实有正向和负向影响两个方面。组织也是一个小社会。大多数组织社会化研究关注的是新个体如何通过组织内各种社会化力量的形塑向组织角色转变，个体视角的组织社会化也普遍着眼于如何在组织背景中正确定位自己并查找到成功社会化的路径。但这些探讨大多缺乏对组织社会化负面影响的反思。霍伊、内特尔等人的研究正是从组织社会化对教师信念造成负面影响这一层面展开诸多探讨。

所谓教师信念，是可以主导和支配教师行为的隐含观点和内在想法，包括教师对教育、教学、学生及学习的态度和看法（Pajares，1992）[46]。内特尔（Nettle，1998）将教师信念分成任务取向（tsk orientation）和情感取向（affective orientation）[47]。霍伊（Hoy，1969，1979，2001）将教师信念分为人本主义（humanistic）和监管主义（custodialism）。霍伊指出监管取向教师认为学生需要得到监管和处罚，强调教师权威和学生纪律，将学生看作需要被矫正和塑造的对象；人本取向教师认为学生能够自律并具有责任感，重视民主管理双边沟通，把学生表现出的异常行为和问题看作是儿童心理发展和社会性发展的过程性问题[48]。

霍伊等（Hoy，1979，1990）在多项研究中指出学校组织社会化使新教师或实习教师所持有的态度和信念从人本转向监管：新教师的取向和实践在被有经验的老教师社会化后，很快变得传统而偏向于监管，只有那些对于学习和知识的信念及对教育所持有的态度持开放取向的教师，其学生监管取向才会降低[49]；还有，学生教师在经过实习后，其监管控制取向显著提高，而尚未经历实习的教师的信念则无明显改变[50]。内特尔（Nettle，1998）的研究指出具有任务取向的指导教师会导致实习教师的教师信念从情感取向转向任务取向，具有情感取向的指导教师则不会有此负面影响[51]。穆恩等（Moon、Callahan和Tomlinson，1999）的研究发现参加研讨会的实习教师与参加研讨会且有辅导教师的实习教师在学生信念上均有负向的改变[52]。在教育实习与信念的研究上，中国台湾研究者王丽君（2010）认为实习过程会不断给实习生强化错误的教育观念，包括时间和注意力全部放在对教学内容的传递上，教室授课是按部就班地进行系统预设好的活动，解题和训练意在追求分数，班级管理的诉求是秩序与控制等，这些机械式世界观的教师信念在实习中不断被训练，成为阻碍教育革新的一大来源之一[53]。

实地访谈A、B、C三位大四实习生，发现她们都从进入实习现场那一刻就开始经历“现实震撼”（reality shock），经历着如何在组织中与人共事的“潜规则”，并在负面的组织社会化中累积着自己对教师角色的理解，从而重构或再造着其原初的教师信念。

A有两个带教老师，A认为班主任Z老师为她树立了正面榜样，而学科老师W老师则做出了负面榜样。当班上学生出现违纪问题时，Z老师认为“我们要做的是讲道理、找原因、解决问题，不要让学生的问题变成道德原则问题，不是一上来就惩罚”。而W老师有一次因为课堂未按预设推进，不能马上恢复教学秩序继续上课就勃然大怒，“你是猪吗？你怎么这么笨！这种题都做不来！”A虽然理解教师不能在课堂中经常停下来了解问题或解决个别事件，但她依然不能认可W老师的强硬做法。

C认为她的带教老师L是一位对班级纪律问题进行严苛惩罚和规训的教师。L老师在上课时要求“班里安静得连一根针掉下来都得听得到”，她会因一年级小学生不小心碰掉文具而情绪失控，甚至出现摔课本、朝学生吼叫等令班级气氛高度紧张的行为。C感觉自己的想法和信心受到L老师的压制打击。C在第一次上课时按照自己认同的教学方法调整了授课环节，但一旁听课的带教老师却当着全班学生的面打断课程，“课文就到这里吧，进入下一环节”。还有一次，C 以为站队任务只是将学生们安全地带到操场上就可以了，而当 C 带着学生蹦蹦跳跳走出教学楼时，却引发了带教老师的不满，“你怎么不管管啊！”并把 C 晾在一旁，自己对学生训斥了好几分钟才让他们重新整队上操。老教师所具有的经验本应成为帮助新教师发挥教学活力、为学校带来新气象的重要推力，但若老教师将新教师驯化为传统与陈规的“奴隶”，那么教育革新和创新的可能性就会被压制。

A 说，“我觉得有些老师发飙是因为他们感觉自己的权威被冒犯了。但是我其实觉得跟学生在一起重要的是我告诉他们对的东西，重要的是那些真理，而不是因为这是某个权威所说的”。

B 说她所在的班级已经具有“良好而明确”的纪律规则基础，B 积极运用老教师们所使用的方法策略，比如“午休管理的时候给班干部一个全班的名单表，告诉她如果谁大声说话就点名提醒，如果提醒一次还不听，就在名单表上给她画个 ×。”B 班上还有很多学生告状现象。B 说，“我觉得她们告状都很有规则意识的，我认为她们是很想成为一个好学生的。”B 自身的教师信念中将纪律管束、行为矫正和任务完成放到很重要的位置，所以她认为告状行为应该是好现象。但从另一角度看，班主任对规则的敏感和严厉是否传递给了学生，从而强化了他们的告黑状行为也未可知。

C 说“第一天就开始吼学生了，真是打脸啊”。C 第一天带学生进行体育活动，面对自发加油鼓劲的学生们，C“愣住了，特别感动，我不想阻止他们”。然而面对散乱的队伍，C 在体育老师的压力下被迫进行纪律管理。“一开始我是跟他们好好说的，一些女生听了我的话，但是男生却是恍若未闻，渐渐地我也急了，开始朝他们大吼大叫起来。我当时很绝望，一方面是因为我都生气地吼了起来，嗓子后来都哑了，却依然没有管住学生，其次是这才第一天我就朝他们大吼大叫了，以后可怎么办啊？！”。C深深感受到课堂秩序与班级管理失控带来的焦虑，此时组织情境中他者对其行为的期待与自我对于他人期待的内化，正在重新建构着有关教师信念的样貌。

实习学校普遍将各种活动评比的荣誉作为班级评价的“硬性指标”，再基于评价结果给予教师相应的奖惩，教师则将学校这种层级管控的评价规则内化为群体的价值取向，并以此作为教学及班级管理的指导准则。在此场域下，同事群体的话语体系就带有推波助澜的舆论压力和场域同化的作用。

A所在的班级，在一次全校活动上表现出混乱的纪律，负责管理年级组的老师为避免混乱对班级评比的负面影响，不断“催促”A协助进行纪律管理。A只能依从老师的决定，“像一个‘厉害’的老师一样，我对学生们生了气，板起脸凶吵闹学生，让吵闹的同学到后排去罚站”。使用高压控制的方法确实能最快产出所要的“结果”，但A说当时的做法让自己很不开心。

C对学生的纪律管理经常不能达到带教教师的期待，私下里带教老师与其他教师经常对C进行劝告，“管学生就是要凶一点”“别对他们太好了”“不对他们严一点都不知道守规矩”。针对教师们对学生进行高压严控这一现象，学校中的教师群体都将其解释为“小学生们没有纪律意识、缺乏自觉性，就需要老师盯着”，而且这是“为了他们未来好”“把纪律整顿好，让学生守规矩，才能培养好的学习习惯”。在教师话语体系的解释和共识下，教师对学生的管理表现出一种“高举关怀爱护的大旗，执行纪律严控的管理”方式。在学校长期强调纪律和任务的管理文化的浸润下，教师群体不仅使自我的行为“合理化”，而且主动同化新人或者边缘化“异类”新人，这种向控制取向的推动力量确实对C产生了较大推力。

霍伊（Hoy，2001）也曾强调学生控制是公立学校生活中一个潜在的因素，学校的控制型管理更加剧了这一因素。只要学校的管理文化、教师亚文化是控制取向的，新教师很有可能会被社会化为更具控制倾向的教师角色[54]。在学校进行调研时，确实发现控制或监管取向的管理文化。以教师对学生纪律的管理为例，就有很多规训惩罚的手段来达到控制的目的，比如：除对学生口头批评外，还要求学生写检讨书。还有诸如罚站、强制劳动（打扫卫生、重复抄词、多倍作业等）、剥夺权利（剥夺玩耍时间或课间时间、剥夺同伴等）、强制学生在班会上公开道歉或自我批评等较为激烈的管控行为。还有一些是较为隐性的管控行为，诸如给学生贴标签、刻意孤立学生、故意暗示班级同学去孤立某个学生等。这些监管行为只要存在，就会很容易带动新教师也加入这个监管主义行列之中，因为监管更容易起效快，更可以让自己走捷径少费心思。

在实习后，这三个实习教师的信念变化情况并不一样。A 表示自己有过对原初人本教师信念自我怀疑与自我矛盾的时刻。“其实我也尝试过使用控制性的方法，但是我自己做不到，就是对着学生们吼不出来。我的本性就不是这样子的，挣扎过一段时间我还是转回人本的态度上来了”。“我觉得我不是一个传统意义上的好老师，因为我没有管住他们，但是我是我自己心目中定义的好老师，因为我得到了学生们的喜爱”。

B 认为严格管理的老师也能得到学生的喜爱。B 说“在对待学生上，我觉得我其实没有多大的变化，我其实还是觉得小朋友应该是需要被管束的”。“我觉得控制纪律有一种‘前人栽树，后人乘凉’的感觉。因为 Y 老师之前是比较严厉地对待他们，在规矩已经树立起来之后，才可以缓和地去对待他们”。

C 在学校现实面前自认是不堪一击的。“虽然我是很不认同控制取向的，但是我在学校的时候还是接受了并且那么做了，当时我处于转变的时候真的特别痛苦，我感觉自己像被绑架了一样。但是除了学老师的那一套还能有什么别的办法呢？”C 还自陈对于外界的评价较为敏感、容易屈从，“我觉得还是自己不够坚定”“是我自己定力不够吧”。

上述访谈显示学校存在负面的组织社会化力量。C 发生了从人本到控制取向的转变。B 继续保持自己的监管控制取向。A 继续保持自己的人本取向的教师信念。

从 C 看，C 迫于组织社会化的压力而发生教师信念的变化。对于一部分初入职场的教育专业新人而言，其娇弱的人本取向教师信念需要温柔的呵护和技术策略的支持，否则个人很快就会被职场环境的控制氛围和做事的传统方式所压制，这对新教师的角色信念将会产生深远的负面影响。可以认为教育专业理论的学习只是给实习教师埋下了一颗人本的种子，这颗种子能否生长成为信念之树取决于其在一次次的教育行动实践活动中获得的经验。大多数人在社会化的过程中逐渐妥协，因为他们看到工作场所中的其他人把一些行为视作“理所当然”，而自己的孤独摸索却成为一种“失败”的教育实践，加之社会化过程中对新人的肯定和关怀度较低，充满挫败感的新教师或职前教师追寻真理和梦想的热情与信心也逐渐被遮蔽。其次，中华传统文化中尊师重教的特色比较明显，教师处于权威主导地位，而学生处于服从顺应位置，少有学生具有质疑教师权威的胆量和权力，从某种意义上说，如此的学校组织文化本身就偏向于监管控制的取向。

美国芝加哥学派的帕克（Park，1921）主张把社会互动分为四种类型：竞争、冲突、顺应和同化。竞争导致冲突，表面的协调或冲突的暂时消失就是顺应，人际互动后个人内化了他人的价值、观点和规范，便是同化[55]。其中的顺应需要外力维系，而同化则不然。在三个个案中，可以看到 C 心中理想与实际境遇的教师信念有冲突后，选择沉重地承载社会化现实给予的角色，可称之为“被动顺应”；而 B 从客观情境中摘取与自身价值体系相符合的社会化元素，完全不尝试其他教育方式的可能性，可称之为“主动同化”；A 则批判性地思考外界的实践，并从主观自我体认中内化自身特质，诠释属于自己的教师信念，立意使自身成为自己心中认可的美善的存在，可称之为“反向社会化”。所谓反向社会化是指传统的组织社会化是青年人向成年人学习，而反向社会化强调不要有思维定式和固化行为，年老人可以向年轻人学习，权威人士可以向非权威人士学习，还有失败者的坚持和探索更能有效带来社会文化的更新。

A 作为独立而自由的个体的存在向我们揭示这样一个事实：社会因素、组织情境等外界刺激固然对个体观念及行为改变有影响力，但其作用力的大小实际上可取决于他自己。在负面的非正式组织社会化影响下，一个人完全可以选择“让自己更美亦看见更美的世界”的生存方式。以米德（Mead，1997）的自我理论视角看，社会重建和自我重建是人类社会进化过程之两个侧面，人是具有自我意识和反省能力的，人们并不仅仅被社会限制住，人能够自觉地整合统一自我中的“主我”“宾我”，从而形成一个一致的连贯的统一人格，人也可以通过坚持使社会的标准成为更好的标准。[56]

外界压力情境呈现的意义可以依个人诠释的不同而不同，“主我”不明确的人更容易受到场域和外物的制约和影响。真正独立的个体以自己的了解和领悟做出回应，而不是根据组织或社会的制约做出“策略性妥协”。新教师其教育信念的建构结果最终取决于他们自身的内隐信念及其坚定程度，还有他们各自对现实的批判性反思和内在的自我对话。

而 B 内在的教师信念与他者的图像基本吻合，且她毫无置疑地接纳了他者所赋予的教师信念，完全忽略了自省的空间并抛弃了建构其他教师信念的可能性。B 从客观情境中摘取与自身价值体系相符合的社会化元素，完全不尝试其他教育方式的可能性，可称之为与组织社会化地“主动同化”

如果把作为客体的非正式组织社会化力量称为“境”、把主体称为“心”的话，那么 A 个案是“以心转境”，B、C 个案就是“以境转心”。而心与心的区别就是米德所谓“宾我”与“主我”的差别（如下表所示）。

表 5-2　负向影响的组织社会化与三位实习生教师信念的互动建构

<table>
<tr><td></td><td colspan="8">心</td></tr>
<tr><td rowspan="5">境</td><td rowspan="2">来自带教教师</td><td rowspan="5">负向影响的组织社会化</td><td colspan="4">“宾我”者以境转心</td><td colspan="2">“主我”者以心转境</td></tr>
<tr><td colspan="2">个体 B</td><td colspan="2">个体 C</td><td colspan="2">个体 A</td></tr>
<tr><td>来自学生群体</td><td colspan="2">外在信念与内在信念一致</td><td colspan="2">外在信念与内在信念不一致</td><td colspan="2">外在信念与内在信念不一致</td></tr>
<tr><td rowspan="2">来自学校评价文化和同事群体文化</td><td>表现行为</td><td>建构结果</td><td>表现行为</td><td>建构结果</td><td>表现行为</td><td>建构结果</td></tr>
<tr><td>个体主动同化</td><td>个体的控制取向得到强化</td><td>个体被动顺应</td><td>个体从人本取向走向控制取向</td><td>个体反向社会化</td><td>个体保持人本取向不变</td></tr>
</table>

（来源：楚红丽，谢珊．实习生教师信念建构与“非正式”组织社会化影响 [J]. 教育学术月刊.2018（5）.）

现实中，被动顺应的 C 是实习群体中数量居多的个体，被动顺应者更是研究背景中提到的发出感慨最多的群体。很多人正是在来自社会的外部压力和来自内心的压力的双重压力下黯然选择“人在江湖身不由己”的无奈和退缩。对这类群体的分析，彼得·伯格（Peter Ludwig Berger，2008）在其《与社会学同游：人文主义的视角》一书中的分析鞭辟入里：“社会化的结果就是外在的社会在人们内心完成的内化。社会并不仅仅是‘处在外部’的客观现象，社会是在我们心灵最深处存在的一部分。社会中大多数的外在控制机制对大多数人都是有效的，这个事实令人惊叹。社会不会止步于我们的肌肤表面，社会既包裹着我们，也深入到我们的内心。我们受制于社会的枷锁，但这个枷锁不是我们被征服后套在我们身上的，而是我们和社会合谋打造的。诚然，有的时候我们受到社会的压制而被迫屈服。然而大多数时候，我们是被自己身上的社会性推入陷阱的。”[57]

你就是社会，因为社会在你心里。至少这个社会还有些人，他们的内在信念与他者不一致之时，他们并没有受其压迫而改变，面对学生与教学的困境，他们意识到自己即使身处既定的约束中，也要满足自己内心对于教育信念的期待，他们对于自身的反思建构了属于他们自己对教育的信念，在不自由的环境中解放了自己也解放了学生，冲击乃至改变了社会对教育形象的固有信念。

社会到底在你心里，还是在你身外，这取决于你，而不取决于别人。外在的如果被自己内化也就不是外在的东西，而是内在的东西了。内化的如果外在化，也就不是内在的东西，而是外在的东西了。社会内化为组织的内心，组织文化内化为个人的内心，个人、组织乃至社会是一个有机整体。反过来亦是如此，个人的内心内化为组织的内心，组织的内心内化为社会的内心，个人、组织乃至社会是一个有机整体。正向循环的话，在个人积极影响组织的同时，组织也同时积极影响社会，社会也同时积极影响个人和组织；负向循环的话，个人消极影响组织，组织消极影响社会，社会同时消极影响个人和组织。

基于此，我们对于组织文化管理的关注点应该从浅表的有形化转到关注组织文化的土壤上。让健康的组织文化土壤带动更多的人成为“反向社会化者”和“主我者”。组织领导者要营造自由安全的民主氛围，呵护具有自我反思、自我管理精神的独立人格的人，“反向社会化”的顺利发生是民主自由安全的组织氛围烘托出来的，是从那些具有独立人格和生机勃勃精神的人群中涌现出来的。组织文化土壤的健康，才能带动更多的人们成为“反向社会化”的“主我者”。一旦组织文化开始健康成长，那么组织里的每个人也会跟着一起健康成长。这种由于组织文化土壤健康，进而促发更多个体健康成长的组织文化就是最好的组织文化形态。而从个体的健康传达到社会，带来整个社会的健康，这才是具有生命力和自我成长力的个体，只有这样的个体越多，组织乃至社会才会更加健康，这再次印证个体、组织乃至社会是一个有机整体。

参考文献

[1] 彭光灿，李道模．管理学与管理哲学的联系与区别——从研究对象及学科属性视角 [J]. 理论月刊，2012(02):53.

[2] 彭光灿，李道模．管理学与管理哲学的联系与区别——从研究对象及学科属性视角 [J]. 理论月刊，2012(02):54.

[3] 彭光灿，李道模．管理学与管理哲学的联系与区别——从研究对象及学科属性视角 [J]. 理论月刊，2012(02):55.

[4] 彭光灿，李道模．管理学与管理哲学的联系与区别——从研究对象及学科属性视角 [J]. 理论月刊，2012(02):54.

[5] 吴非．照亮校园的常识 [M]. 北京：中国人民大学出版社，2019：1–2.

[6] 贾汇亮．教师教学自主权的缺失及保障 [J]. 课程教材教法，2014（8）：38–43.

[7] 李明菊．论教师的教学自主权 [D]. 山东师范大学硕士学位论文，2011:36,44.

[8] 李希贵．李希贵学校管理沉思录⑥ [J]. 人民教育，2011（17）:16.

[9] [美] 韦恩 K 霍依，塞西尔 G 米斯克尔．范国睿主译．教育管理学：理论研究实践（第7版）[M].北京：教育科学出版社，2007:131

[10] [美] 韦恩·K·霍依，塞西尔 G 米斯克尔．范国睿主译．教育管

理学：理论研究实践（第 7 版）[M]. 北京：教育科学出版社，2007:131–132.

[11] 李希贵 . 李希贵学校管理沉思录⑥ [J]. 人民教育，2011（17）:15.

[12] 邬志辉，钱俊华，欧阳海燕 . 学校场域中教师自主发展的机制变迁与文化生成 [J]. 东北师大学报（哲学社会科学版），2012（3）: 148–151.

[13] 吴非 . 前方是什么 [M]. 北京 : 中国人民大学出版社 ,2017:25–26.

[14] 于永正 . 退休之后的反思，使我明白了教育究竟是怎么一回事 [J/OL]. 中小学阅读，2016–10–12.http://mt.sohu.com/20161012/n470042947.shtml.

[15] 周春梅 . 一间辽阔的教室［M］. 北京：中国人民大学出版社，2016.

[16] 吴非 . 照亮校园的常识 [M]. 北京：中国人民大学出版社，2019: 109，74.

[17] 吴非 . 照亮校园的常识 [M]. 北京：中国人民大学出版社，2019: 109–110.

[18] 吴非 . 前方是什么 [M]. 北京 : 中国人民大学出版社 ,2017:6.

[19] 陈鼓应 . 老子注释及评介 [M]. 北京：中华书局，2015:249.

[20] [印] 克里希那穆提 . 桑靖宇，程悦译 . 生活的难题［M］. 北京：九州出版社 ,2009.

[21] [俄] 邬斯宾斯基 . 郭静，孙霖译 . 人可能进化的心理学［M］. 北京：中央编译出版社，2013.

[22] [美] 乔希・维茨金 . 苏鸿雁，谢京秀译 . 学习之道［M］. 北京：中国青年出版社，2011.

[23] [印] 克里希那穆提 . 张南星译 . 一生的学习［M］. 深圳：深圳报业集团出版社，2010.

[24] [印] 克里希那穆提 . 张南星译 . 一生的学习 [M] . 深圳：深圳报业集团出版社，2010.

[25] [印] 克里希那穆提 . 张南星译 . 一生的学习 [M] . 深圳：深圳报业集团出版社，2010.

[26] [印] 克里希那穆提 . 张南星译 . 一生的学习 [M] . 深圳：深圳报业集团出版社，2010.

[27] 欧德张 . 领导力的本质是激发人格的成熟 [J/OL]. 老张说 ,2017-02-15.http://mt.sohu.com/20170215/n480799663.shtml.

[28] 吴非 . 照亮校园的常识 [M]. 北京：中国人民大学出版社，2019：74.

[29] 吴非 . 致青年教师 [M]. 北京：中国人民大学出版社，2015：21.

[30] 吴非 . 照亮校园的常识 [M]. 北京：中国人民大学出版社，2019：73-74.

[31] [印] 克里希那穆提 . 胡因梦译 . 点亮自性之光 [M]. 深圳报业集团出版社 2007：79-86.

[32] 动机在杭州 . 假想的自我与真实的成长 [OL] .[2016-08-20] http://sanwen8.cn/p/2909P4K.html.

[33] 徐凯文 . 什么是时代“空心病”[OL] .[2016-11-25] https://www.xinli001.com/info/100359244.

[34] 顾远 . 好的教育使我们“踏进生活之河，毫无惧色”[OL] .[2017-12-05] Aha 社会创新学院 (ID：AhaSchool)“德鲁克博雅管理”微信公众号 .

[35] 顾远 . 好的教育使我们“踏进生活之河，毫无惧色”[OL] .[2017-12-05] Aha 社会创新学院 (ID：AhaSchool)“德鲁克博雅管理”微信公众号 .

[36] [印] 克里希那穆提 . 桑靖宇 程悦译 . 什么是正确的行动 [M] . 北京：九州出版社，2014.

[37] 楚红丽，方晓乐．中小学校长道德领导对教师工作投入的影响研究：工作价值观的调节作用 [J]. 教育学报 .2017(6):60–63.

[38] 楚红丽，方晓乐．中小学校长道德领导对教师工作投入的影响研究：工作价值观的调节作用 [J]. 教育学报 .2017(6):60–63.

[39] [印] 克里希那穆提 . 桑靖宇，程悦译 . 什么是正确的行动 [M] . 北京：九州出版社，2014.

[40] 楚红丽，谢珊 . 实习生教师信念建构与“非正式”组织社会化影响 [J]. 教育学术月刊 .2018(9)：57–64.

[41] Schein E H. Organizational socialization and the profession of management [J]. Industrial Management Review, 1968,9: 53–54.

[42] Van Maanen, J., & Schein, E. H. Toward a theory of organizational socialization[J]. Organizational Behavior, 1979,1: 209–264.

[43] Kuhlman E L, & Hoy W.K. The socialization of professionals into bureaucracies: the beginning teacher in the school[J]. Journal of Educational Administration,1974,12(2): 18–27.

[44] Sakes, A. M.,& Ashforth, B.E. Organizational socialization: making sense of the past and present as a prologue for the future[J]. Journal of Vocational Behavior, 1997, 51: 234 - 279.

[45] Cooper–Thomas, H.D., & Anderson, N. Organizational socialization: A new theoretical model and recommendations for future research and HRM practices in organizations[J]. Journal of Organizational Behavior, 2006,21: 499.

[46] Pajares, M. F. Teachers' beliefs and educational research: Cleaning up a messy construct[J]. Review of Educational Research, 1992, 62(3): 307–332.

[47] Nettle, E. B. Stability and change in the beliefs of student teachers during practice teaching[J]. Teaching & Teacher Education, 1998, 14(2):193–204.

[48] Hoy W K. Pupil Control Ideology and Organizational Socialization: A Further Examination of the Influence of Experience on the Beginning Teacher[J]. School Review, 1969, 77(3/4): 257–265.

[49] Hoy W K, Jalovick J M. Open Education and Pupil Control Ideologies of Teachers[J]. Journal of Educational Research, 1979, 73(1):45–49.

[50] Hoy W K, Woolfolk A E. Socialization of student teachers.[J]. American Educational Research Journal, 1990,27(2):279–300.

[51] Nettle, E. B. Stability and change in the beliefs of student teachers during practice teaching[J]. Teaching & Teacher Education, 1998, 14(2):193–204.

[52] Moon, T. R., Callahan, C. M., & Tomlinson, C. A. The effects of mentoring relationships on preservice teachers' attitudes toward academically diverse students[J]. Gifted Child Quarterly, 1990,43(2):56–62.

[53] 王丽君.三位特教老师的实习故事：实习对教师信念形塑的影响[D]，台湾师范大学，2010:10.

[54] 王丽君.三位特教老师的实习故事：实习对教师信念形塑的影响[D]，台湾师范大学，2010:10.

[55] 项亚光 . 教师专业发展模式的社会学解析 [J] . 外国中小学教育 ,2007(12):41–42.

[56] [美] 乔治 · H · 米德 . 赵月瑟译 . 心灵、自我与社会 [M]. 上海：上海译文出版社，1997：171–196.

[57] [美] 彼得 · 伯格 . 何道宽译 . 与社会学同游：人文主义的视角 [M]. 何 . 北京：北京大学出版社，2008：121.

后记 “物”与“道”

道在万物中，万物皆循道，循道的万物最美、最善、最真。

道是天下之源、天下之根。道之下有万物，万物各个不同，体现了道的包容万物的思想。道如何能包容万物呢，因为道法自然，道法自由，合于道者近自然、近自由。因为自然、自由，因此一切都是自发，万物有自动力在其中，因此能不争不败，各美其美，美美与共。

道是空无，道是无我，道是无为。在一个完全虚空的境界中，一个人无我，没有小我的运作，就能抛弃所有的杂念，就能够拥有源源不尽的爱。因为有爱，所以能够彻底脱离痛苦和烦恼。在空无无我之道中，一个人有了爱的能力，有了活在当下的能力，与当下的一切完全融合在一起，进入毫无思想的婴儿状态，从而全然感受当下生命的脉动，体会“赤日挂苍穹，晚照映晴空，清风拂杨柳，细雨打莲蓬”的美和震撼。

在空无无我之道中，一个人既可以静，静心体会生命和万物本身的真美善；一个人也可以动，一个人可以有所作为，只是这个“为”里面没有“我”的欲望和贪欲，因为无“我”而为，所以“可洗机巧心，可荡尘垢肠”，于是自然而然地知行合一，自然而然地全情投入，忘我地行动在当下，而不会三心二意、顾左右而言他，此即为无为而无不为。正如有佳句所言：我若未忘世，虽闲心亦忙。世若未忘我，虽退身难藏。我今异于是，身世交相忘。身世交相忘中，“能闲世人所忙者，方能忙世人所闲”，方能张弛有度沉浮于心，而此时的所为才是真正做自己的所为，做自己才是抵达真善美的所为，因而也是最助益社会的所为。

如果失于道，而重物，那么一个人的状态和社会的状态就不好了。正如苏轼在《宝绘堂记》所说，君子可以寓意于物，而不可以留意于物。寓意于物，虽微物足以为乐，虽尤物不足以为病。留意于物，虽微物足以为病，虽尤物不足以为乐。老子曰：五色令人目盲，五音令人耳聋，五味令人口爽，驰骋田猎令人心发狂。

有了道，就能驭物，有了道，才能“庶几全其乐而远其病也”。没有道，就会被物所驭，不仅没有了生而为人的简单快乐，反而会颠倒错谬失去本心，生病发狂，乃至贻害他人。

由“道”“物”之想，再次想到我自己曾受到的二十多年的学校教育，想到了自己身为人母该对孩子有什么样的家庭教育，更想到了拥有教师职业身份的我该以什么样的价值观和心态来面对自己的教学和研究，我愿自己能够在一切事上始终走在“道”上，分清本末，摆正轻重，人不为物累，心不为形役……教育不在他处，我正身处其中，浮想联翩，是为之后记。

楚红丽

2019 年冬于北京